Schlösser und Burgen

Das Titelfoto zeigt das Schloß Fasanerie in Fulda,
die Buchrückseite die Löwenburg in Kassel.

Fotonachweis:
Kartengrundlage für die Detailkarten: Hessen 1:200 000 (H 200) mit Genehmigung des Hessischen Landesvermessungsamtes vervielfältigt. Vervielfältigungsnummer 95-1-136
Canisius, Nordenbeck 54 o., 55; Finanzamt Fulda 37; Forstverwaltung, Burg Neuenstein 47; Freiherr von Dörnbergsche Stiftung Herzberg 66; Gemeinde Ebersburg 81; Hessische Hausstiftung, Schloß Fasanerie Titelfoto, 84, 85; Hessische Heimvolkshochschule Fürsteneck 76; Rudolf Knappe 8, 10, 13, 14, 17 o., 18, 21 u., 24 o., 28, 36, 38 u., 40 o., 41 u., 42, 45 u., 46, 54 u., 60 o., 62 o., 63, 64, 65, 67, 68 o., 75, 77, 78, 82; Reinhard Maurer 59, 62 u.; G. Wilhelm, Volkmarsen 17 o. rechts; E. Brauns 31; M. Jedicke, Arolsen 48; Stadt Korbach 50, 51; Stadt Schlitz 74; Stadt Schwalmstadt 68 u.; Städtisches Verkehrsbüro Fulda 83; Verkehrsverein Bad Hersfeld 6, 38 li., 39; Rolf Wagner 7, 9, 11, 12, 15, 16, 19, 20, 21 o., 22, 23, 24, 25, 27, 29, 33, 34, 35, 41 o., 43, 45 o., 49, 53, 57, 58, 61, 69, 70, 71, 72, 73, 79, 73, 79, 86, 87.

1. Auflage 1996

Druck: Druckhaus Darmstadt
Buchbinderische Verarbeitung: Hollmann, Darmstadt

34281 Gudensberg-Gleichen, Im Wiesental 1
Tel.: 05603/4451 u. 2030
ISBN 3-86134-237-5

Rudolf Knappe

Die schönsten
SCHLÖSSER UND BURGEN
in Nord- und Osthessen

Ausflüge in die Vergangenheit

Wartberg Verlag

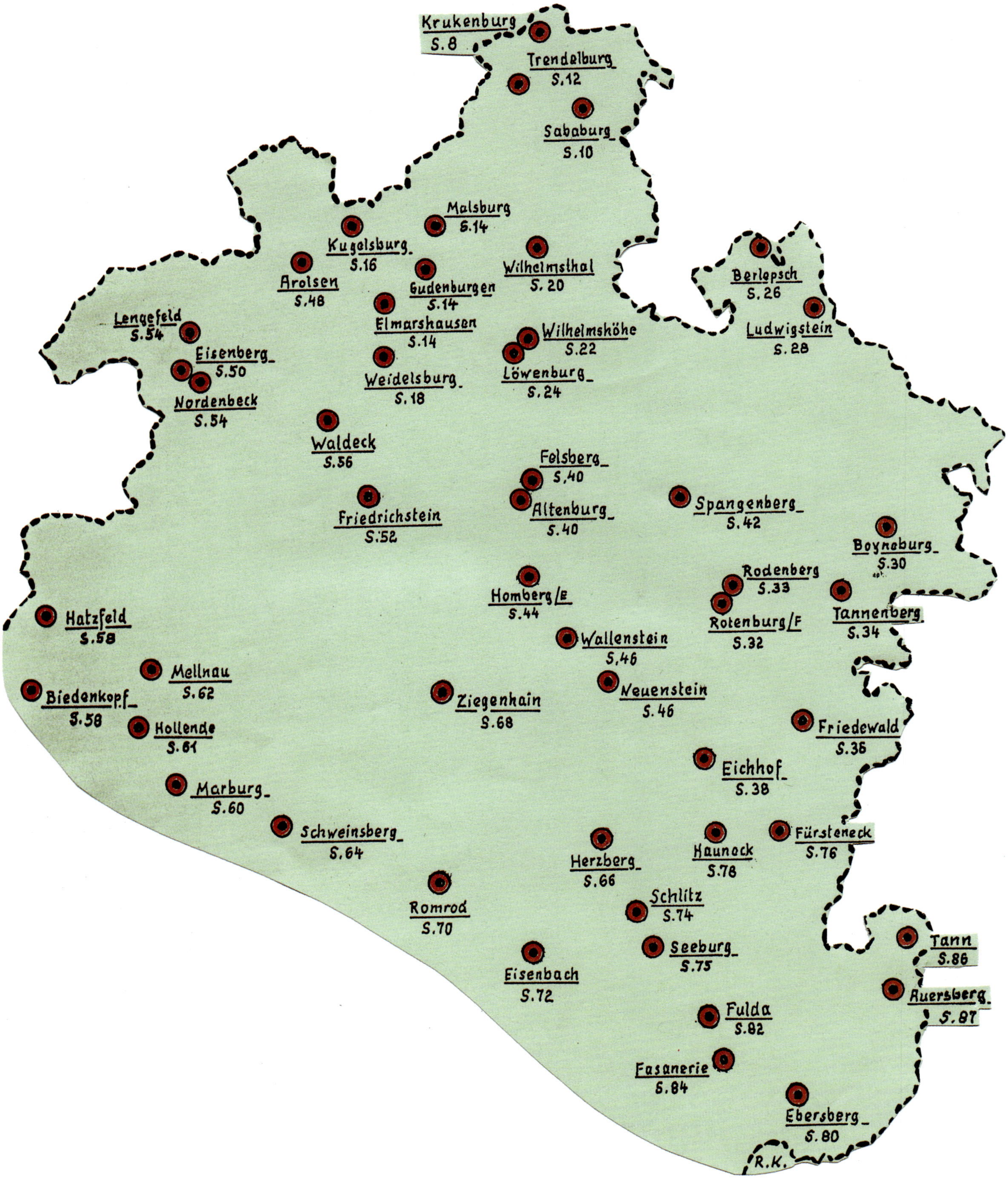

Krukenburg
S. 8
Trendelburg
S. 12
Sababurg
S. 10
Malsburg
S. 14
Kugelsburg
S. 16
Wilhelmsthal
S. 20
Berlepsch
S. 26
Arolsen
S. 48
Gudenburgen
S. 14
Elmarshausen
S. 14
Lengefeld
S. 54
Wilhelmshöhe
S. 22
Ludwigstein
S. 28
Eisenberg
S. 50
Löwenburg
S. 24
Weidelsburg
S. 18
Nordenbeck
S. 54
Waldeck
S. 56
Felsberg
S. 40
Altenburg
S. 40
Friedrichstein
S. 52
Spangenberg
S. 42
Boyneburg
S. 30
Rodenberg
S. 33
Homberg/E
S. 44
Rotenburg/F
S. 32
Tannenberg
S. 34
Hatzfeld
S. 58
Wallenstein
S. 46
Mellnau
S. 62
Neuenstein
S. 46
Biedenkopf
S. 58
Ziegenhain
S. 68
Friedewald
S. 36
Hollende
S. 61
Eichhof
S. 38
Marburg
S. 60
Schweinsberg
S. 64
Herzberg
S. 66
Hauneck
S. 78
Fürsteneck
S. 76
Romrod
S. 70
Schlitz
S. 74
Seeburg
S. 75
Tann
S. 86
Eisenbach
S. 72
Auersberg
S. 87
Fulda
S. 82
Fasanerie
S. 84
Ebersberg
S. 80
R.K.

Inhalt

Vorwort

Es gibt viele gute Bücher und Kalender über Schlösser und Burgen mit ausgezeichneten Bildern, aber die bemerkenswerten Anlagen in Nord- und Osthessen wird man darin zumeist vergeblich suchen. Das reizvolle Schloß Wilhelmsthal mit den vergoldeten Putten an den Wasserspielen und die als Dornröschenschloß genannte Sababurg im Reinhardswald sind oft abgebildet. Nur selten sieht man aber die eindrucksvolle Krukenburg bei Helmarshausen mit der mächtigen Rundkirchenruine oder die für Hessen bedeutungsvolle Boyneburg und schon gar nicht die Burg Fürsteneck im Fuldaer Land, welche trotz mehrfacher Umbauten ihr äußeres Bild einer mittelalterlichen Burg bewahren konnte.
So war es ein besonderes Anliegen des Verlages, des Autors und der Fotografen, diese Lücke zu füllen und aufzuzeigen, welche beachtlichen Zeugen der Landesgeschichte in Nord- und Osthessen noch zu sehen sind.
Schöne Schlösser, alte Burgen und malerische Ruinen sind beliebte Ausflugsziele und Aussichtspunkte. Manche Ruinen stehen weithin sichtbar über Tälern, andere liegen versteckt auf den Höhen der Wälder und sind oft nur beschwerlich auf Wanderwegen erreichbar.
Burg und Schloß zu unterscheiden ist nicht ganz einfach, da diese beiden Begriffe schon in alter Zeit vermischt waren. In alten Urkunden wird verschiedentlich eine Burg als „festes Schloß" bezeichnet, oder es wurde eine Burg „schloßhaft" gemacht, d.h. man versah die eigentliche Kernanlage mit zusätzlichen Umfassungsmauern. So ist die mächtige Ruine der Sababurg eigentlich die Ruine eines Jagdschlosses, welches Landgraf Wilhelm II. v. Hessen-Kassel um 1490 im Bereich der verfallenen Zapfenburg errichten ließ.
Unter einer Burg versteht man heute eine zum Schutz kleinerer und größerer Gemeinschaften erbaute Wehranlage des Mittelalters. Ein Schloß ist dagegen ein unbefestigtes Repräsentationsbauwerk. Burgen wurden einst errichtet zum Schutz von Landesgrenzen, zur Sicherung von Straßen und Flußübergängen, als Verwaltungsmittelpunkte und schließlich auch als standesgemäße Wohnsitze. Sie wurden ständig umgebaut, erweitert und auch verstärkt, um sie der weitergehenden Waffenentwicklung anzupassen.
Die Herkunft des Wortes „Burg" wird verschieden gedeutet. Aus dem Griechisch-Lateinischen stammt das Wort „burgos" für kleine Kastelle und Wachtürme. Es ist möglich, daß hieraus unser deutsches Wort „Burg" entstanden ist, da die frühesten Burgen eigentlich mehr Wachtürme waren.
Burgen konnten im Mittelalter nur mit Erlaubnis des Königs oder der späteren Landesfürsten erbaut werden. Sie waren stets befestigte Wohnsitze eines adligen oder freien Grundherren als Eigentum oder als Lehen. Burgen, in denen mehrere Familien gleichzeitig wohnten, werden Ganerbenburgen genannt.
Nach der Bauform unterscheidet man hauptsächlich Gipfelburgen, Spornanlagen und Wasserburgen. Wie der Name besagt, liegen Spornanlagen auf einem vorspringenden Bergsporn und sind mit einem Halsgraben vom Hang abgetrennt. Eine besondere Bauform sind Wohntürme, von

Der Eichhof bei Bad Hersfeld

denen es in Nordhessen zwei gut erhaltene Beispiele gibt: Nordenbeck bei Korbach und den Eichhof bei Bad Hersfeld.
Die hohe Zeit des Burgenbaus war das 12.-14. Jh. Mit dem Aufkommen der Feuerwaffen seit dem 15. Jh. verloren sie jedoch immer mehr ihre schützende Funktion. Nach den Bauernaufständen 1524/1525 wurden keine Burgen mehr im eigentlichen Sinn erbaut.
Manche Burgen wurden schon zu früher Zeit in Fehden oder als Raubnester zerstört und nicht wieder erneuert. Andere verfielen, weil die Besitzerfamilien ausstarben oder sich bequemere Wohnsitze an günstigerer Stelle erbauten. Einige Burgen wurden festungsmäßig ausgebaut, wie z.B. die Burgen Friedewald und Herzberg.
Verschiedene Burgen baute man aber auch zu Wohnschlössern um und bezog dabei vielfach ältere Gebäudeteile in die Neubauten mit ein. Diese sind aber zumeist äußerlich kaum erkennbar. Die Wehrmauern und Wehrtürme wurden nach und nach abgebrochen und anstelle der Zwinger sowie der oft verfüllten Umfassungsgräben entstanden Park- und

Schloß Spangenberg

Gartenanlagen. Bei allen diesen Umbauten und Erneuerungen ist deutlich der Stilwandel von der Gotik zur Renaissance zu erkennen.
Im Zeitalter des Barocks, nach dem 30jährigen Krieg, entstanden dann die vorwiegend fürstlichen, großartigen Schlösser ohne jeglichen Wehrcharakter. Während die Baumeister der Burgen, bis auf wenige, unbekannt blieben, sind die Architekten der Schloßbauten und die Ausgestalter der Innenräume zumeist wohlbekannt. Sie hatten oft in anderen Residenzen mit großem Erfolg gearbeitet, bevor sie nach Nord- und Osthessen kamen. Cuvilliés war in München tätig gewesen, Dientzenhofer in Franken und Rothweil in Weilburg. Simon Luis du Ry entstammte einer alten Baumeisterfamilie.
Der klassizistische Baustil fand in den Schlössern unserer Umgebung den Eingang nur bei der Umgestaltung von Innenräumen in der ersten Hälfte des 19. Jh. Fürstliche Schlösser entstanden nun nicht mehr, wohl aber einige schloßartige Anlagen vermögender Privatleute.
Es gilt nun, das Vorhandene zu bewahren und zu pflegen, was oft große Probleme aufwirft, wenn eine Nutzung unklar oder gar nicht möglich ist.
So soll dieses Buch dazu anregen, die historischen Bauwerke aufzusuchen und sich mit ihrer Geschichte zu befassen, damit das Denken an das Erhalten unseres kulturellen Erbes wachgehalten wird.
Die nach uns Kommenden werden es uns danken.

Ruine des Paderborner Hauses

Die Krukenburg

Am Nordrand des Reinhardswaldes fließt die Diemel zur Weser und macht dabei von Helmarshausen bis Karlshafen einen weiten Bogen um einen vorspringenden Bergrücken. Auf seiner Höhe steht die Ruine einer der bemerkenswertesten Burgen Nordhessens, die Krukenburg. Vermutlich entstand ihr Name durch Lautveränderungen aus „Mons crucis", wie der Berg in alter Zeit genannt wurde und schon sehr früh eine Kapelle mit einem hohen Kreuz getragen haben soll.
Unterhalb der Höhe lag einst an einer Diemelfurt der 944 in einer Urkunde Kaiser Otto I. erwähnte Königshof Helmerateshusa. 977 war er im Besitz eines Grafen Eckhard, der hier mit seiner Gemahlin Mathilde ein Benediktinerkloster stiftete. Bald danach stattete es Kaiser Otto III. um 1002 in gleicher Weise wie das in der Nähe liegende Corvey als Reichsabtei aus. Schon 1017 erreichte es jedoch Bischof Meinwerk von Paderborn, daß ihm Kaiser Heinrich II. die Abtei übereignete, was sich für deren weitere Entwicklung als günstig erwies. Bischof Meinwerk plante den Bau einer Heilig-Grab-Kirche für das Busdorf-Stift in Paderborn und ließ dafür Abt Wiso von Helmarshausen um 1032 nach Jerusalem reisen, der Zeichnungen beschaffen sollte. Zu dieser Zeit war aber die Jerusalemer Kirche bereits Ruine, doch konnte offensichtlich Abt Wiso Unterlagen über die im Orient verbreiteten Kreuzkuppelkirchen mitbringen. Nach der Überlieferung soll Meinwerks Nachfolger, Bischof Heinrich II., wegen seines hohen Alters eine gelobte Reise in das heilige Land abgesagt und die dafür bereitgestellten Gelder zum Bau der großen Rundkirche bei Helmarshausen gestiftet haben. Ihr Aufbau begann am Anfang des 12. Jh. und 1126 wurde sie als Johanniskirche geweiht.
Da die Mönche von Helmarshausen sich der Bevormundung durch das Bistum Paderborn zu entziehen suchten, entstanden Spannungen und Streitigkeiten. Schließlich stellten sie sich mit Abtretung der Hälfte ihres Besitzes 1223 unter den Schutz des Erzbischofs Engelbert von Köln. Ob sie bereits mit dem Bau einer burgartigen Befestigung um die Kirche begonnen hatten, oder ob diese nun vom Erzbistum Köln ausgeführt wurde, ist nicht eindeutig feststellbar. Aus dieser Zeit stammt der hohe Bergfried der Burg, welche Köln mit Amtmännern besetzte.
Eine im Tal um die Abtei entstandene Siedlung erhielt bereits 1230 Stadtrechte. In seinem Ausdehnungsbestreben gelang es dem Erzbistum Mainz, sich hier festzusetzen, so daß nunmehr drei geistliche Herrschaften sich den Besitz teilten. Etwa 100 Jahre später verpfändete Köln 1336 die Burg an Bischof Bernhard von Paderborn, behielt aber das Öffnungsrecht. Die Bedeutung der Burg lag ja nicht allein im Schutz der Kirche und des Klosters, sondern auch in der Kontrolle der hier vorbeiführenden alten Handelsstraße von Bremen nach Frankfurt.
Bereits im 14. Jh. hatten die Erzbistümer Köln und Mainz ihre Rechte an Helmarshausen an das Bistum Paderborn abgetreten, welches nun im Alleinbesitz von Burg, Kloster und Stadt war. Unter Bischof Wilhelm entstand 1338 auf der Burg an der Nordseite ein mehrstöckiger Wohnturm als Sitz des Amtmanns, das sog. Paderborner Haus.
Der Versuch der Landgrafen von Hessen, nunmehr am Zusammenfluß von Diemel und Weser weiter Fuß zu fassen, führte bald zu Streitigkeiten mit dem Bistum Paderborn. Im Verlauf der Auseinandersetzungen von 1464-70 eroberte Landgraf Ludwig II. zwar die Burg, doch gelang es dem Bistum in der Friedensverhandlung, den Besitz zu erhalten. 1495 verweigerten die Mönche des Klosters die Annahme der Bursfelder Kongregation, was aber bald zum inneren

Rundgang

Nach steilem Aufstieg zur Höhe führt der Weg über einen tiefen Halsgraben durch den Rest des Burgtores zu dem mächtigen Rundbau der Kirchenruine. Von den vier Kreuzarmen zeigt die halbrunde Apsis nach Osten. Die Vorhalle und der Treppenturm wurden später angebaut. In der Mitte befand sich eine 1939 freigelegte Krypta, die jedoch wieder abgedeckt wurde. Vor der Apsis steht der jetzt noch 24 m hohe Bergfried mit 9,5 m Durchmesser. Er wurde 1900 um 8 m verkürzt und begehbar eingerichtet. Südlich davon verblieben von dem Wohnhaus des Abtes nur Trümmer und Kellerreste. In den hohen Wänden des Paderborner Hauses an der Nordseite sind Reste von mehreren Kaminen erkennbar. Die ganze Anlage ist von einer Ringmauer umschlossen, von der große Teile mit Bauresten von zwei Flankierungstürmen erhalten blieben.

Ruine der großen Rundkirche

Niedergang der Abtei führte. Unter dem Druck des Landgrafen mußte sie sich 1479 Hessen unterstellen, welches dann 1538 das Kloster auflöste. Der letzte Abt, Georg von Marenholz, übereignete schließlich 1540 Landgraf Philipp die Stadt Helmarshausen mit dem Klosterbesitz. 1597 trat auch Paderborn seine Rechte an Hessen ab und schließlich war 1617 der ganze Besitz in hessischer Hand.

Da die Krukenburg schon seit längerer Zeit ihre ursprüngliche Bestimmung verloren hatte, begann zunehmend ihr Verfall. Auch die Klosteranlagen verfielen. Besonders nach dem 30jährigen Krieg erfolgte der Abbruch von Gebäuden und Mauern zur Materialgewinnung für den Aufbau zerstörter Häuser in den Ortschaften. Leider wurde dabei die mächtige Rundkirche nicht geschont. Erst im vorigen Jahrhundert. besann man sich auf das wertvolle Kulturgut und begann mit Sicherungsarbeiten.

Das Evangeliar Heinrichs des Löwen

Berühmt wurde das Kloster Helmarshausen durch seine schon im 11. Jh. entstandenen Kunstwerkstätten. Um 1100 fertigte hier Mönch Roger beachtenswerte Goldschmiedearbeiten an und ist vermutlich Verfasser des ersten Lehrbuches über das Kunsthandwerk mit dem Titel „schedula diversarium artium“. Von ebenso großer Bedeutung sind die Helmarshäuser Buchmalereien, von denen das Evangeliar Heinrichs des Löwen besonders bekannt wurde. Heinrich, Herzog von Sachsen, beauftragte in der 2. Hälfte des 12. Jh. Abt Konrad II. von Helmarshausen mit der Anfertigung dieses Werkes für den Dom zu Braunschweig. In dem Widmungsgedicht wurde mitgeteilt, daß der Mönch Herimann die Arbeit ausführte. Nach vielen Irrwegen konnte das kostbare Werk 1983 unter hohen Kosten für die Herzog-August-Bibliothek in Wolfenbüttel zurückerworben werden.

Wegbeschreibung

Helmarshausen, heute Stadtteil von Bad Karlshafen, liegt an der B 83. Der Anstieg zur Burg kann von der Ortsmitte aus erfolgen. Auffahrt vom Ortsteil Nollendorf-Kolonie aus.

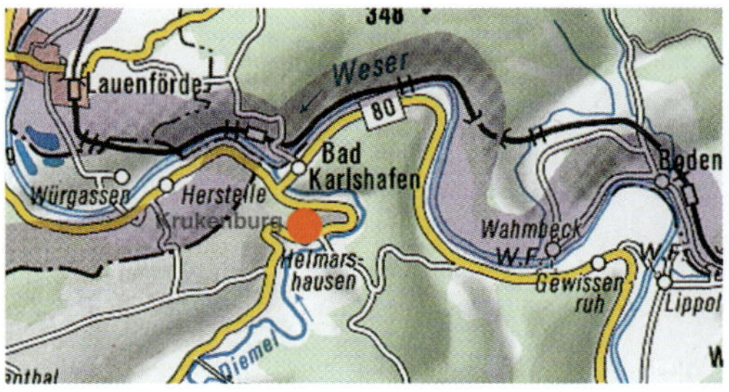

Der Silberschatz des Kurfürsten

F. Zwenger beschrieb 1888 in der Zeitschrift Hessenland folgende Episode:
„Am 18. September 1806, also nur wenige Tage vor der Okkupation Kurhessens durch die Franzosen, ließ Kurfürst Wilhelm I. seinen Silberschatz sowie die wertvollsten Kunstschätze des Museums in den unterirdischen Gewölben des Schlosses Sababurg verbergen. In 42 theils großen, theils kleinen Kisten kamen die Kostbarkeiten auf zwei mit je 4 Maulthieren bespannten Wagen daselbst an. Die Vermauerung der Thür, durch welche diese Schätze in die Kellergewölbe verbracht werden mußten, wurde so geschickt ausgeführt, daß gegen das Mauerwerk des Treppengewölbes kein Unterschied zu erkennen war und ein Uneingeweihter auf die Vermuthung der hier geborgenen Schätze nicht kommen konnte. Aber mit der Überführung der letzteren nach Sababurg hatte nicht geheim genug verfahren werden können, so war denn auch dem französischen Marschall Mortier die Sache verrathen worden und der Silberschatz mußte dem französischen Oberst d`Albignac und einigen französischen Civilbeamten ausgeliefert werden."
Immer schon gab es gewissenlose Menschen, die gegen schnöden Lohn Nachrichten verkauften.

Die Sababurg

Auf einer Basaltkuppe in der Mitte des zwischen Diemel und Weser langgestreckten Reinhardswaldes stand einst die Zappenburg, auch Zapfenburg genannt. Erst in späterer Zeit erscheint der Name Sababurg. Verschiedene Sagen ranken sich um ihre Gründung und auch über die Entstehung des Waldes. Auch das Dornröschen-Märchen wird mit ihr in Verbindung gebracht. Wie es wirklich war, zeigen jedoch alte Urkunden auf.
Im 12. Jh. war es dem Erzbistum Mainz gelungen, seinen Machtbereich nach Norden auszudehnen. Zur Sicherung des erworbenen Besitzes erbaute es um 1300 eine Burg - vielleicht wurde auch nur eine ältere Befestigung übernommen und erneuert. Das benachbarte Dorf Gottesbüren hatte sich in der Zeit zu einem vielbesuchten Wallfahrtsort entwickelt, da man glaubte, dort den Leichnam Christi gefunden zu haben. Zum besonderen Schutz der dortigen Kirche und der Pilger ließ Mainz die Burg ausbauen und verstärken. Die Befestigung war natürlich dem Landgrafen Heinrich II. von Hessen in seinem Einflußgebiet äußerst lästig und da sie zudem unerlaubt auf hessischem Boden erbaut worden war, verlangte er den Abbruch. Unterstützt wurden seine Forderungen durch den Herzog von Braunschweig und den Bischof von Paderborn. Um nun einer drohenden Fehde zu entgehen, verpfändete Erzbischof Gerlach von Mainz schließlich 1357 die Burg zur Hälfte an Hessen. Die andere Hälfte hatte Mainz an die Herren v. Schönberg verpfändet. Als diese Familie dann 1428 ausstarb, verkauften die Erben ihren Anteil an Hessen, welches nun im Alleinbesitz der Burg war. Mainz hatte wohl eingesehen, daß diese Burg in ihrer abseitigen Lage keinen besonderen militärischen Wert mehr hatte. Nach dem Übergang an Hessen verfiel sie auch bald und war um 1455 schon Ruine. Bäume und Strauchwerk überwucherten die Trümmer. Über 150 Jahre geriet sie in Vergessenheit und so entstand wohl auch die Erzählung von dem Dornröschen-Schloß.
Erst 1508 ließ Landgraf Wilhelm II. an der Stelle der alten Burg ein Jagdschloß errichten. Landgraf Philipp d.G. vollendete das Bauwerk und weilte hier oft bei seinen Jagden im Reinhardswald. Sein Sohn Wilhelm IV. ließ später unterhalb des Schlosses einen Tiergarten einrichten, für dessen Mauern Steine von der verfallenen Burg Schöneberg bei Hofgeismar angefahren wurden. Nur Wälle und Gräben blieben dort von dieser alten, großen Burg erhalten.
1583 wurde die Sababurg Verwaltungssitz des Amtes Gieselwerder. Kaiserliche Truppen verwüsteten 1628 im 30jährigen Krieg das Schloß, doch konnten die Schäden bald nach dem Friedensschluß ausgebessert werden.
Hundert Jahre vergingen nun ohne besondere Ereignisse, bis im 7jährigen Krieg 1730 das Schloß von Franzosen besetzt wurde und wieder Schäden entstanden. Landgraf Friedrich II. ließ die Gebäude instand setzen und besonders schön mit Bildern und Möbeln ausstatten, da er sich gern und oft hier aufhielt. Wieder vergingen Jahrzehnte der Ruhe. 1826 ließ man dann aber die älteren Gebäude wegen Baufälligkeit abbrechen und da Kurfürst Wilhelm I. kein Freund der Jagd war, wurde die Sababurg kaum noch aufgesucht. Sie geriet nochmals in Vergessenheit und verfiel. Es dauerte nun wieder hundert Jahre, bis man endlich 1930 den Schutt beseitigte und die Burg ein beliebtes Wanderziel wurde. Besondere Sicherheitsmaßnahmen wurden 1959 erforderlich, die der hessische Staat ausführen ließ, welcher inzwischen Eigentümer geworden war. Ab 1961 entstand dann die Einrichtung eines Hotels mit gut besuchter Gaststätte. Sogar eine Standesamt-Zweigstelle wurde hierher verlegt, welche sich großer Beliebtheit erfreut.

Der Rollwagen

Im 16. Jh. schrieb Jörg Wickram eine Schwänkesammlung mit dem Namen „Rollwagenbüchlein". Mit diesen Erzählungen verkürzten sich damals die Reisenden ihre oft endlos dauernden Fahrten auf den unbequemen Pferdewagen.
1982 begann das Schauspielerduo Brunhild und Jörg Falkenstein mit Auftritten in der Palasruine auf der Sababurg unter dem Namen „Rollwagen". Auf einer kleinen Bühne mit sparsamster Ausstattung, aber viel Mimik und einem breitgestreuten Repertoire gelang es, ein ausgezeichnetes künstlerisches Programm zu gestalten. Mit Märchenerzählungen und Szenen von Karl Valentin, aber auch mit abgewandelten Klassiker-Inszenierungen konnte ein interessiertes Publikum begeistert werden.
Durch das Hotelpächterehepaar Koseck wurde ein größerer Kellerraum unter dem Palas ausgebaut, um auch bei ungünstigem Wetter spielen zu können. Besonders in diesem intimen Gewölbe ergibt die Nähe der Schauspieler eine eigene Atmosphäre.

Rundgang

Leichter Anstieg vom oberen Parkplatz zum Vorplatz der Hotelgaststätte. Eintrittskarten zur Ruinenbesichtigung sind am Kiosk erhältlich. Der Weg führt durch den Schloßgarten an der Ringmauer entlang mit Blick von oben auf den Tierpark. Während die beiden dicken Rundtürme vom Hotel genutzt werden und nicht allgemein zugänglich sind, kann der Treppenturm an der Südecke bestiegen werden. Einige Keller sind an der Rückseite geöffnet.

Wegbeschreibung

Anfahrt zur Sababurg von der B 83 ab Hofgeismar bzw. Trendelburg oder von der Weserseite von der B 80 ab Oberweser-Gieselwerder bzw. Reinhardshagen-Veckerhagen.

„Sababurg" Merianstich 17. Jh.

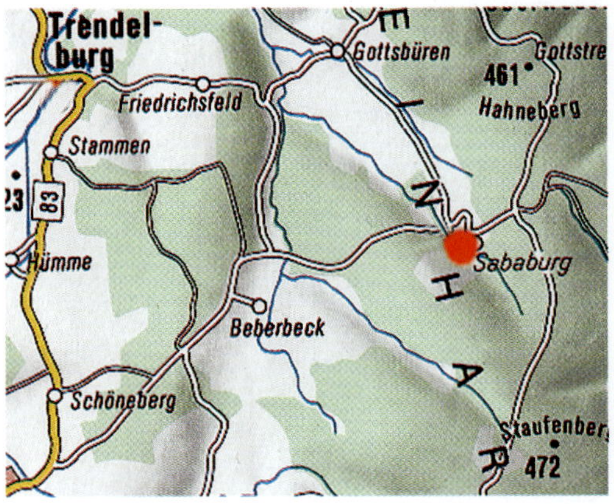

Merianstich 17. Jh.

Die Trendelburg

In vielen Windungen fließt die Diemel zur Weser und bildet bei Trendelburg einen scharfen Bogen um einen felsigen Höhenrücken, der in alter Zeit „Trindirberg" genannt wurde. Dieser erhielt vermutlich seinen Namen nach dem einst westlich davon gelegenen Dorf Trende. 1303 wurde es urkundlich genannt und ist heute völlig verschwunden.
Sehr früh, sicher schon vor 1300, erbaute hier auf der Höhe Konrad III. v. Schöneberg eine Burg als Straßensicherung an einer Diemelfurt. Sie bestand anfänglich wohl nur aus einem viereckigen Wohnturm, von dem Mauerreste in dem späteren Palas erhalten blieben. Der Stammsitz der Familie lag unweit südlich davon bei Hofgeismar auf dem Schöneberg. Auch die Siedlung vor der Burg, schon bald urkundlich als Stadt genannt, entstand in dieser Zeit.
Inzwischen hatte das Erzbistum Mainz die Sababurg errichtet und verlangte nun, daß ihm diese neue Burg an der Diemel geöffnet bleiben sollte. Aber auch Landgraf Heinrich I. und der Bischof von Paderborn erhoben Ansprüche und es gelang diesen schließlich, 1312 je eine Hälfte zu erwerben. Der hessische Teil war aber nur paderbornisches Lehen. Als Amtsleute wurden die v. Stoghusen eingesetzt, welche auch dem Bistum genehm waren und vier Generationen dort blieben.

Damals wurde mit Anteilen von Burgen genauso gehandelt, wie heute mit Aktien von Industrieunternehmen. So verpfändete Hessen seinen Teil 1373 an die ursprünglichen Eigentümer, die Herren v. Schöneberg, nahm ihn aber nach deren Aussterben 1429 von den Erben wieder zurück. 1385 erwarben die v. Falkenberg den Paderborner Anteil. In der Mitte des 16. Jh. gehörte die Burg immer noch zur Hälfte Hessen und Paderborn. Sie war zwischen 1443 und 1456 nach Großbränden erneuert und durch Erweiterungen der neuen Kriegstechnik angepaßt worden. Auch der Palas wurde damals vergrößert sowie der Bergfried erhöht. 1465 entstand eine große Fehde zwischen Hessen und Paderborn, in deren Verlauf es Landgraf Ludwig II. gelang, die Trendelburg zu erobern. Sie blieb zwar seit dieser Zeit in hessischem Besitz, doch erst 1597 verzichtete Paderborn im Vertrag von Korbach auf seine Rechte.

Im 30jährigen Krieg nahmen Tillys Truppen 1631 die Burg ein und brannten sie nieder. Notdürftig hergerichtet, wurde sie 1637 erneut durch Kroaten zerstört. Schwere Schäden richtete auch der 7jährige Krieg an, als die Franzosen 1761 Trendelburg besetzt hatten. Sie mußten kapitulieren, nachdem die Verbündeten unter dem Herzog Ferdinand v. Braunschweig die Burg mit Artillerie beschossen hatten.

Seit dem 16. Jh. war Trendelburg Sitz eines hessischen Amtes und blieb Verwaltungsmittelpunkt bis 1821. Die Burg wurde danach nicht mehr beachtet und begann zu verfallen. 1901 kaufte Oberst Adalbert v. Stockhausen, wohl ein Nachfahre der mittelalterlichen Burgmänner v. Stoghusen, die ruinöse Anlage vom preußischen Staat als Wohnsitz. Er ließ mit erheblichen Aufwand den Trümmerschutt beseitigen, Gebäude und Mauern erneuern und Dächer aufsetzen. Auch der Bergfried wurde wieder begehbar hergerichtet, der einen weiten Blick in das Umland bietet. Um 1957 eröffnete die Familie v. Stockhausen in dem Palas eine Hotelgaststätte, die sich eines guten Zuspruchs erfreut.

Rundgang

Vom Parkplatz vor dem tiefen Halsgraben gelangt man über eine schmale Brücke neben dem Bergfried durch ein kleines Tor in den Burghof. Nach beiden Seiten schließen sich an den Bergfried Wehrmauern mit dicken Rundtürmen von 1443 an den Ecken an. Von diesen führen Mauern nach der Nordostseite und umschließen somit die ganze fünfeckige Anlage. Hier stehen zwei weitere Rundtürme am eigentlichen Hauptzugang zur Burg.

Die Riesenprinzessinnen

Vor sehr langer Zeit lebte im Reinhardswald ein mächtiger König, der hatte drei Riesinnen zu Töchtern: Saba, Trenda und Bramba. Der Vater baute jeder Tochter ein Schloß, für Saba die Sababurg, für Trenda die Trendelburg und für Bramba die Bramburg. Dort wohnten die Riesinnen und pflegten sich die Tage zu verkürzen, indem sie durch Sprachrohre von ihrem Schloß aus miteinander plauderten. Lange nachher zeigte man noch zu Sababurg das große Bett der Saba, ihre Betstube, den Brunnen und Becher woraus sie getrunken haben soll. Das Holz an der Bettspanne war fast ganz zerschnitzt, man glaubte, wenn man bloß einen kranken Zahn mit dem Holz berührte, vergingen augenblicklich die Schmerzen. Zwischen Helmarshausen und Wülmersen heißt der Wülmersen zunächst liegende Teil des Waldes die „Mordkammer“. Hier soll Saba von ihrer Schwester Trenda ermordet worden sein.

Wegbeschreibung

Anfahrt auf der B 83 über die Diemelbrücke hinauf zur Stadt.

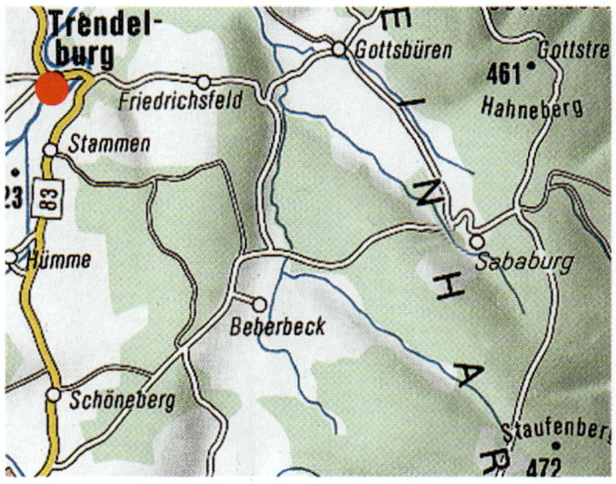

Schloß Elmarshausen

Die Malsburg

Im Tal des Warmebachs, unweit von der Hofanlage Hohenborn entfernt, liegen auf einer bewaldeten Kuppe die Reste der Malsburg. Nur wenige Teile von Grundmauern und Kellern sowie der Unterbau eines Rundturmes blieben von dieser nicht sehr großen Burg erhalten. 1123 wurde sie erstmals urkundlich genannt und war als mainzisches Lehen im Besitz der Grafen von der Malsburg. Graf Volkhold, der sich auch Graf von Nidda nannte, zog sich bald auf den dortigen Besitz zurück. Später wurde die Burg von einem Zweig der Herren v. Schartenberg bewohnt. Dieser nannte sich nun auch von „der Malsburg“. Ob die Burg zerstört oder als Wohnsitz aufgegeben wurde und dann verfiel, ist nicht bekannt. Ein Zweig dieser Familie ließ sich in Escheberg nieder und eine andere Linie übernahm später die Burg Elmarshausen.

Die Gudenburgen

Steile Waldwege führen von Zierenberg aus auf die Höhen hinter der Autobahn. Fast 570 m hoch ist der Große Gudenberg mit Wällen und Gräben einer umfangreichen Doppelburg. Wenige hundert Meter nordwestlich liegt der etwas niedrigere Kleine Gudenberg, gleichfalls mit Wällen und Gräben. Nur wenige Mauerreste blieben von diesen Burgen erhalten, die im 12. Jh. schon bestanden haben. Sie waren als mainzisches Lehen im Besitz der drei Familien v. Gudenberg, wobei nicht geklärt ist, ob diese einem Stamm angehörten. Die in Urkunden zuerst genannten v. Gudenberg bewohnten den Kleinen Gudenberg und nahmen später Elmarshausen in Besitz. Auf der Doppelburg lebten die Wolf v. Gudenberg und die Grope v. Gudenberg. Während die Grope v. Gudenberg 1398 ausstarben, leben Nachkommen der Wolf v. Gudenberg noch heute.
Landgraf Heinrich I. v. Hessen zerstörte die Burgen nach 1272, vielleicht auch schon 1269, vermutlich in der Auseinandersetzung mit dem Erzbistum Mainz. Möglicherweise waren aber auch räuberische Übergriffe der Burgbewohner Ursache der Zerstörung.

Jahrhunderte lang war das Land um Wolfhagen und Zierenberg bis nach Volkmarsen ein umstrittenes Gebiet. Um 1236 erbaute Landgraf Ludwig v. Thüringen und Hessen zur Sicherung seiner Grenze gegen die Grafschaft Waldeck in diesem Bereich eine Burg auf einem Bergkegel und gründete damit die Stadt Wolfhagen. Dem Erzbistum Mainz war es gelungen, auch in diese Landschaft vorzudringen. Dazu waren die einflußreichen Grafen v. Everstein zwischen Diemel und Twiste reich begütert. Ihnen gehörte das kleine Dorf Egelmareshusen, unweit nördlich von Wolfhagen an der Erpe gelegen. 1123 wurde es bereits in Urkunden genannt und war am Anfang des 13. Jh. als Eversteiner Lehen im Besitz der Herren v. Helfenberg. Deren Burg lag auf einem schmalen Höhenzug nördlich des Istha-Berges, welche heute bis auf geringe Grabenreste völlig verschwunden ist. Um 1293 war sie von Landgraf Heinrich I. v. Hessen zusammen mit den Gudenburgen über dem Warmetal zerstört worden. Vermutlich gelang es danach den Gudenbergern ab 1303 Teile von Elmarshausen zu erwerben. Hundert Jahre später, um 1403, waren sie schließlich im Alleinbesitz. Nach alten Angaben begannen sie 1442 mit dem Bau einer Wasserburg, doch ist anzunehmen, daß hier schon eine ältere Anlage oder zumindest ein befestigter Hof gestanden hat. Die Burg bestand vermutlich aus einem mit Wassergraben gesicherten, quadratischen Wohnturm mit dicken Wänden, wie er heute noch in Nordenbeck bei Korbach zu sehen ist (siehe Seite 54/55).
Mit dem Niedergang der Grafen v. Everstein im 15. Jh. war deren Besitz zum Teil an die Herzöge von Braunschweig-Lüneburg gefallen. Damit wurde 1452 die Burg Elmarshausen für Heinrich v. Gudenberg als braunschweigisches Lehen bestätigt. Er ließ die Burg erweitern, die um 1471 endlich fertiggestellt war. Der Südflügel der heutigen Anlage mit den eingebauten Resten des alten Wohnturms stammt noch aus dieser Zeit.
Nahezu 200 Jahre blieb Elmarshausen im Besitz der Gudenberger, bis es 1515 von Hermann v. d. Malsburg, dem Hof- und Landmarschall Philipps d. G. v. Hessen, erworben wurde. 1534 starb mit Eberhard IV. die Familie der Gudenberger aus und erst dann wurde der Besitz als braunschweigisches Lehen den

Auf dem großen Gudenberg

Malsburgern bestätigt. Bald danach begann Hermann v.d. Malsburg mit einem großzügigen Umbau im Stil der Weserrenaissance. Es entstand eine Dreiflügelanlage, deren Nordseite mit einer Wehrmauer abgeschlossen war.
Ein ausgemauerter Wassergraben umgibt noch heute das Bauwerk, welches 1563 sein Sohn Christoph vollendete. Umbauten und Veränderungen erfolgten später im 18. und 19. Jh., doch blieb das Gesamtbild des Schlosses gewahrt. Bewohnt und erhalten wird es von den Nachkommen der Familien v. d. Malsburg.

Wegbeschreibung

Elmarshausen liegt ca. 2 km nördlich von Wolfhagen. Von der Umgehungsstraße B 450 nach Nordosten in Richtung Nothfelden fahren und nach kurzer Strecke links abbiegen. Elmarshausen ist privat bewohnt und deshalb nicht öffentlich zugänglich.

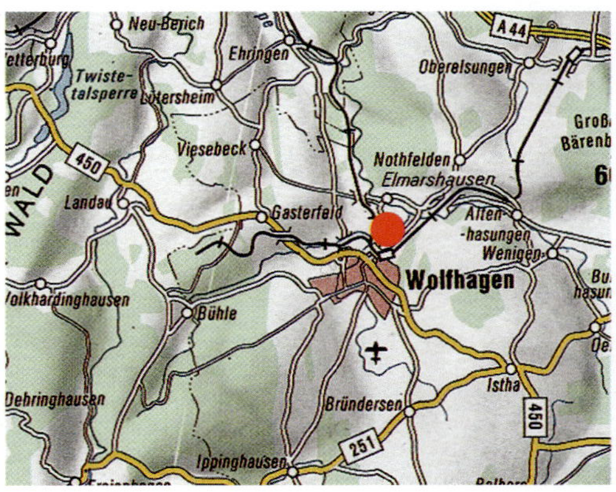

Die Kugelsburg

Eng verbunden in ihrer Geschichte sind die Stadt Volkmarsen und die Kugelsburg, deren Ruine mit ihren zwei Türmen weithin sichtbar ist. Nur von Norden her zugänglich, liegt sie auf einem steil zur Erpe abfallenden Bergsporn. Ein tief in den Felsen geschlagener Graben trennt sie vom Hinterland ab.

Schon in früher Zeit war das Land zwischen dem Zusammenfluß von Erpe und Twiste besiedelt, welches zu den Besitzungen des Kloster Corvey gehörte. Eine wichtige Straße von Fritzlar nach Paderborn führte hier vorbei, zu deren Schutz und Kontrolle die Grafen v. Everstein vermutlich am Ende des 12. Jh. die Kugelsburg erbauten. Ihnen gehörten Teile des Gebietes als mainzisches Lehen. Möglicherweise ist die Burg sogar älter und soll bereits in der Mitte des 12. Jh. durch Mechthild v. Itter als Aussteuer an Graf Konrad v. Everstein gekommen sein. Nach anderen Feststellungen hat dagegen die Abtei Corvey die Kugelsburg von 1196-1220 erbaut. Zumindest gehörte sie im 13. Jh. dem Kloster.

Es ist ein merkwürdiger Name, dessen Herkunft Rätsel aufgibt. Aus dem lateinischen Wort cucullus für Kapuze entstand die deutsche Bezeichnung Gugel oder Kugel. Die Straßburger Kapuziner wurden im Mittelalter Gugelbuben genannt. So könnte der Name Kugelsburg eine Anspielung auf die kapuzentragenden Mönche des Klosters Corvey sein, denen die Burg gehörte.

Mehr und mehr wurden die Eversteiner aus diesem Gebiet verdrängt und es entstand ein Gerücht, daß sie bei Scherfede eine neue Burg errichten wollten. Daher stellte sich die Abtei unter den Schutz des Erzbistums Köln, welche eigene

Rundgang

Der Anstieg erfolgt vom Parkplatz aus über eine Treppe an der Westseite. Der zerborstene, quadratische Turm an der Südseite und die benachbarten Gebäudereste stammen von dem Ausbau durch das Erzbistum Köln im 14. Jh. Die älteren Teile der Burg mit dem runden Bergfried stehen im Norden am Halsgraben. Über diesen führte vermutlich einst eine Zugangsbrücke.

Pulverkammern

Museum

Volkmarsen besitzt ein kleines, aber doch sehr sehenswertes Museum. Hier sind bemerkenswerte Fundstücke gesammelt, die auf der Kugelsburg geborgen waren. Verschiedene Tonkrüge, Becher, Töpfe und Schüsseln aus dem 12./13. Jh. wurden gefunden. Pfeil- und Speerspitzen sind zu sehen sowie eine Pulverflasche. Von den Kämpfen blieben Stein- und Eisenkugeln übrig. Die besonders interessanten Stücke sind jedoch zwei eiserne, ca. 60 cm lange Pulverkammern mit Zündlöchern. Sie stammen vermutlich aus dem 16. Jh. von kleinen Feuerwaffen.

Wegbeschreibung

Auffahrt von Volkmarsen aus in Richtung Breuna. Abzweigung in einer Kurve nach links zum Parkplatz unterhalb der Burg.

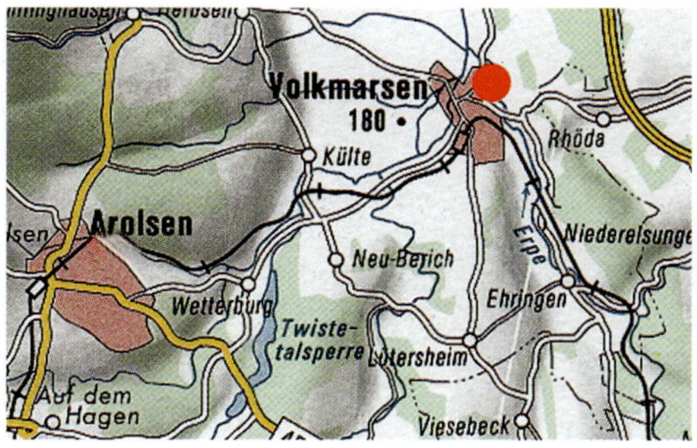

Burgmannen einsetzte. Hierfür entstand ein weiterer Wohnbau und ein neuer Turm. Er war ursprünglich höher, als heute die Ruine zeigt und ähnelte rheinischen Bauformen. Mehrfach wurden im 14. Jh. Teile der Burg verpfändet. 1351 gehörte dem Erzbistum Köln eine Hälfte, der Abtei Corvey noch 1/4 und das restliche Viertel den hessischen Landgrafen.

Nach der Kölner Stiftsfehde wurde 1474 Hermann v. Hessen zum Erzbischof von Köln gewählt und verpfändete Volkmarsen mit der Burg an seinen Bruder, Landgraf Heinrich III. v. Hessen-Marburg, für dessen Hilfeleistungen. Als die Bevölkerung und die Burgmannen jedoch die Huldigung verweigerten, belagerte und eroberte der Landgraf die Burg. Von hier aus wurde dann die Stadt beschossen, welche sich 1477 ergeben mußte. Bis zum Anfang des 16. Jh. behielt sie eine hessische Besatzung. Bald danach verzichtete Corvey endgültig auf alle Rechte an Volkmarsen mit der Burg, welche dem kölnischen Amt Marsberg angeschlossen wurde. Die folgenden hundert Jahre verliefen sicher nicht völlig friedlich, aber besondere Ereignisse sind nicht zu vermerken. Dann aber brach der 30jährige Krieg mit seinen verheerenden Folgen für das ganze Land aus. 1622 und erneut 1632 besetzten hessische Truppen Volkmarsen und die Kugelsburg. Dabei und später auch durch kaiserliche Soldaten entstanden schwere Schäden. Die Zerstörung der Burg erfolgte aber erst im 7jährigen Krieg, als sie von Franzosen besetzt war und in den Kämpfen mit den verbündeten Truppen niederbrannte. Die Ruine wurde ein willkommener Steinbruch. Heute bemüht sich der Geschichts- und Heimatverein Volkmarsen um die Erforschung und Erhaltung.

Die Weidelsburg

Relief zur Weibertreusage am Burgeingang

„Die hessische Weibertreu“

Reinhard v. Dalwigk war wegen seiner ständigen Fehden in Ungnade gefallen. Da man ihm auch Raub und Plünderungen vorgeworfen hatte, belagerte Landgraf Ludwig I. v. Hessen die Weidelsburg, auf die sich Reinhard zurückgezogen hatte. Als er sich nun stark bedrängt sah und die Vorräte zu Ende gingen, lief seine Gattin Agnes zum Landgrafen und bat ihn kniefällig um Gnade und freien Abzug. Dieser wurde ihr und ihren Mägden gewährt mit der Bedingung, nur das mitzunehmen, was ihnen lieb sei und was sie tragen könnten.
Wie aber staunte der Landgraf über den seltsamen Zug, der die Burg verließ und alle Frauen ihre Männer auf dem Rücken zum Tor hinaus trugen. Darüber war der Landgraf so gerührt, daß er sein Versprechen hielt und die Missetäter ziehen ließ.

Zweifellos ist die Weidelsburg die imposanteste Burgruine im nördlichen Hessen. Weithin sichtbar ragen ihre beiden mächtigen Wohntürme über die Wipfel der Bäume hinaus. Über ihre Geschichte ist vieles geschrieben worden und dennoch bleibt manches im Dunkeln. Scherbenfunde besagen, daß der Berg schon im 9./10. Jh. besiedelt war.
Vor 1121 wurde ein „castrum Alstat“ von Graf Werner v. Grüningen dem Erzbischof von Mainz übereignet und man vermutete, daß damit die Weidelsburg gemeint sei. Sie soll dann im 13. Jh. den Grafen v. Naumburg gehört haben, doch ist nicht bewiesen, daß sie die Burg erbauten. Diese Grafen erschienen 1170 erstmals in Urkunden. Naumburg kommt von Nuwenburg, daß heißt Neue Burg. Diese 1182 erwähnte Burg hatten sie neu erbaut. Wo aber lag ihre alte Burg? Man nahm an, daß sie in dem nahegelegenen Dorf Altenstädt gestanden hat. Zwar konnte hier bisher keine Burg nachgewiesen werden, aber vielleicht war dort ein befestigter Hof ihr Stammsitz. Daß sie die hoch gelegene Weidelsburg verließen, um sich an einem tiefer liegenden Ort neu festzusetzen, ist wenig wahrscheinlich.
1225 erschien in Urkunden eine Ritterfamilie, die sich v. Wedelberg nannte. Ob sie vielleicht die Erbauer einer ersten Burg waren? Sie standen in gewissen Beziehungen zu den Grafen v. Naumburg, denn zwischen 1249 und 1269 war ein Werner v. Wedelberg Burgmann auf der Naumburg.
In dieser Zeit starb Graf Volkwin II. v. Naumburg und hinterließ nur minderjährige Kinder. Daher bot sein Bruder Wittekind II., Domherr zu Magdeburg, seine und der Kinder Anteile 1265 Landgraf Heinrich I. v. Hessen zum Kauf an. Aus ungeklärten Gründen kam dieser Handel aber nicht zustande. Stattdessen übernahm das Erzbistum Mainz sowohl die Naumburg, als auch die Weidelsburg. Als Folge verbündete sich Landgraf Heinrich mit Waldeck und Braunschweig, was 1273 zur Zerstörung beider Burgen führte. Über hundert Jahre blieben sie zertrümmert liegen und dann erst folgte ein Wiederaufbau.
Am Ende des 14. Jh. entstand ein schwerer Streit um das Erzbistum Mainz. Gegen Graf Adolf v. Nassau wurde 1379 Graf Ludwig v. Meißen-Thüringen gewählt. Dieser übertrug danach unter anderem die Weidelsburg Landgraf Hermann v. Hessen, der seine Wahl unterstützt hatte. Bald danach schloß der Landgraf mit Graf Heinrich v. Waldeck einen Burgfrieden und gemeinsam begannen sie, die im Grenzgebiet liegende Burg zu erneuern.
Schon 1382 starb aber Erzbischof Ludwig und Adolf v. Nassau wurde nun Nachfolger. Er machte sofort alte Rechte geltend und setzte die Einstellung der Bauarbeiten an der Weidelsburg durch. 1384 erwarb der Ritter Friedrich v. Hertingshausen vom Erzbistum Mainz Teile der Naumburg und später auch von der Weidelsburg. Er fing nun an, etwa ab 1398, diese mit Mainzer Hilfe wiederaufzubauen.
Im Juni 1400 reiste Herzog Friedrich v. Braunschweig von Frankfurt zurück in seine Residenz. Bei Kleinenglis wurde er plötzlich von Friedrich v. Hertingshausen und Kunzmann v. Falkenberg überfallen, die ihn wohl gefangen nehmen wollten. Da er sich aber heftig wehrte, erschlugen sie ihn. Zur Sühne dieser Freveltat belagerte man beide Burgen und zerstörte sie.
1431 wurde Reinhard v. Dalwigk d. Ä., der mit Agnes v. Hertingshausen verheiratet war, als Vormund seines unmündigen Neffen Friedrichs zum Amtmann auf der Weidelsburg bestellt. Beide trugen aber sechs Jahre später die Burgen Landgraf Ludwig II. v. Hessen zu Lehen auf, die sie wohl als ihr Eigen betrachteten.

Vermutlich noch unter dem Eindruck der Niederlage von 1427 erhob das Erzbistum keinen Einspruch.
Wegen verschiedener Räubereien und Landfriedensbruch wurden dann 1443 und nochmals 1448 beide Burgen durch hessische und mainzische Truppen gemeinsam belagert und zerstört. Die v. Dalwigk und v. Hertingshausen mußten auf die Weidelsburg verzichten. Sie verblieb in gemeinsamen Besitz von Hessen und Mainz, welche Amtmänner einsetzten.
Nach der Mainzer Stiftsfehde von 1462 war sie dann im Alleinbesitz von Hessen. Über die Folgezeit wurde nur wenig berichtet. Noch in der Mitte des 16. Jh. war die Burg bewohnt, verfiel aber danach wegen Bedeutungslosigkeit. Um 1600 war sie schon Ruine. Instandsetzungen erfolgten erst ab 1930 und in neuerer Zeit dann durch das Land Hessen.

Rundgang

Man betritt die Ruine von Norden her durch den ehemaligen Torbau (Relief der Weibersage). Fast vollständig erhalten sind die Umfassungs- und Zwingermauern aus dem 14. Jh. mit 8 Schalentürmen. Von den beiden mächtigen Wohntürmen ist der südöstliche besteigbar und bietet eine herrliche Fernsicht nach allen Seiten. Die ganze Burg wurde aus schwerem Basaltgestein aufgebaut.

Wegbeschreibung

Von Ippinghausen an der B 251 in Richtung Naumburg fahren. Kurz hinter dem Ort abbiegen nach rechts zum Parkplatz unterhalb der Weidelsburg. Zu Fuß ca. 15 min. mäßig steiler Anstieg zur Ruine.

Schloß Wilhelmsthal

Eins der schönsten Rokokoschlösser Deutschlands liegt in Nordhessen. Mit seinen sehenswerten Einrichtungen und dem weitläufigen Landschaftsgarten ist es seit langer Zeit ein beliebtes Ausflugsziel und nur wenige Kilometer von Kassel entfernt. Um dieses Schloß Wilhelmsthal gut vom Schloß Wilhelmshöhe aus erreichen zu können, legte man die Rasenallee an. Sie war noch im 18. Jh. mit Gras bewachsen, damit die Kutschen sanfter fuhren. Heute ist es eine recht nüchterne asphaltierte allgemeine Straße.

Etwas abseits vom Dorf Calden lag in der leicht hügeligen Landschaft das Gut Amelgotzen, welches 1643 die tatkräftige Landgräfin Amalie Elisabeth, die Gemahlin des Landgrafen Wilhelm V. v. Hessen, als bescheidenen Landsitz erwarb. Er wurde nach ihr Amalienthal genannt.

Genau 100 Jahre später ließ Landgraf Wilhelm VIII. v. Hessen von dem bayrischen Hofarchitekten François Cuvilliés d. Ä. Pläne für ein Schloß an dieser Stelle als Jagd- und Sommersitz anfertigen. Landgraf Wilhelm VIII. hatte 1730 als Statthalter für seinen älteren Bruder die Regierung des Landes übernommen. Dieser war als Friedrich I. zum König von Schweden gekrönt worden. Der Königsplatz und die Königsstraße in Kassel erinnern an ihn.

Cuvilliés zeichnete eine nach Westen offene Dreiflügelanlage, deren zweigeschossige Gebäude mit Mansarddächern durch niedrige Zwischenbauten verbunden sind. Dabei schließt das Hauptgebäude (Corps de Logis) den Ehrenhof ab. Mit dem Bau wurde um 1753 unter der Leitung der örtlichen Architekten Johann Georg Fünck, einem Schüler Knobelsdorffs, und Heinrich Wilhelm Huth begonnen. Ab 1756 wurde die Bauleitung dem jungen Baumeister Simon du Ry übertragen. Er entwarf u.a. die beiden Wachhäuser vor dem Hof, mit deren Bau dann erst begonnen wurde.

Die Fertigstellung des seit 1754 nach ihm benannten Schlosses Wilhelmsthal erlebte Landgraf Wilhelm VIII., der 1769 starb, nicht mehr. Durch den 7jährigen Krieg (1756-63) waren alle Arbeiten schließlich zum Erliegen gekommen. 1762 fand in unmittelbarer Nähe eines der letzten schweren Gefechte dieses Krieges statt. Nach der Schlacht nahm der siegreiche Herzog Ferdinand v. Braunschweig in dem unvollendeten Schloß Quartier und bewirtete hier die gefangenen höheren französischen Offiziere nach Kavaliersart.

Landgraf Friedrich II. v. Hessen, der Sohn Wilhelms VIII., ließ bald nach Kriegsende die steckengebliebenen Arbeiten wieder aufnehmen und konnte sie 1773 zum Abschluß bringen. Für die elegante Innenausstattung konnte der sehr befähigte Bildhauer Johann August Nahl gewonnen werden. Die Stuckarbeiten führte Johann Michael Brühl aus. Berühmt ist die sog. Schönheitsgalerie, eine Sammlung von vorzüglichen Bildnissen Kasseler Hofdamen, die der Hofmaler Johann Heinrich Tischbein d. Ä. schuf. Sie entstanden bereits in der Anfangsbauzeit unter Landgraf Wilhelm VIII.

Von Cuvilliés stammt auch der Plan eines Gartens im Stil des Rokoko, der aber nur unvollkommen ausgeführt wurde. Erhalten blieben davon die Wasserspiele mit der abschließenden Grotte und den vergoldeten Putten. Das weite Gelände wurde seit 1796 in einen Park im englischen Stil umgewandelt. Auf der Anhöhe östlich des Schlosses entstand 1799-1801 nach Plänen des Simon Luis du Ry ein Aussichtsturm mit gotischen Formen.

Von 1807 bis 1813 residierte Napoleons I. Bruder Jérôme als König von Westphalen in Kassel. Nach seiner Gemahlin Katharina v. Württemberg erhielt das Schloß den Namen Katharinenthal. Er wohnte nur selten in diesem Schloß.

Die Schlacht bei Wilhelmsthal

Eines der wenigen Schlösser Deutschlands, in dessen unmittelbarer Nähe eine bedeutende militärische Auseinandersetzung stattfand, ist Schloß Wilhelmsthal.

Der siebenjährige Krieg zwischen Preußen und Österreich, in den auch Frankreich eingriff, brachte Not und Elend über viele Landesteile durch die wechselnden Kriegserfolge. 1762 stand Preußen fast vor der völligen Niederlage, erholte sich aber nach einem Separatfrieden mit Rußland und konnte sich erneut gegen seine Feinde wenden.

Im Oktober 1762 befehligte der preußische Generalfeldmarschall Ferdinand Herzog v. Braunschweig ein Truppenkontingent im Bereich von Diemel und Weser. Die französischen Marschälle Prinz de Soubise und d´Estrées hatten ihr Heer bei Grebenstein zur Abwehr aufgestellt, aber die Absichten des Herzogs falsch eingeschätzt. Mit 57.000 Mann, Engländer, Hannoveraner, Hessen, Braunschweiger und Bückeburger, rückte dieser über die Diemel und überraschte die 72.000 Mann zählende Reichsarmee, bestehend aus Franzosen, Nassauern, Sachsen, Pfälzern und Schweizern. Am Abend des 24. Oktober mußten sich die französischen Marschälle geschlagen geben. Mehr als 3000 Gefallene wurde an der Innenseite der Parkmauer des Schlosses beerdigt. Es war einer der letzten schweren Kämpfe in diesem Krieg.

Nach 1822 veränderte man verschiedene Innenräume im klassizistischen Stil. Bis 1831 war das Schloß bevorzugter Wohnsitz des Kurfürsten Wilhelm II. v. Hessen mit seiner Maitresse, der Gräfin Reichenbach. Das Schloß wird heute von der Verwaltung der staatlichen Schlösser und Gärten des Landes Hessen betreut und gepflegt.

Man sagt, daß Wilhelmsthal wie ein romantisches Rokoko-Konzert anmutet. Tatsächlich finden im Ehrenhof zeitweilig hörenswerte Konzerte statt, welche diesen Eindruck unterstreichen.

Rundgang

Das Schloß kann nur mit offizieller Führung besichtigt werden. Die Parkanlagen sind frei zugänglich.

Wegbeschreibung

Anfahrt von Kassel auf der B7 oder auf der Rasenallee in Richtung Calden.

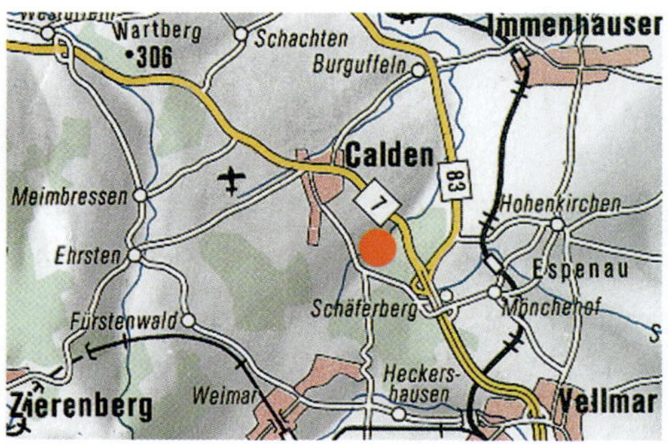

Schloß Wilhelmshöhe

Eine besondere Sehenswürdigkeit ist der Bergpark Wilhelmshöhe am Abhang des Habichtswaldes, westlich oberhalb der Stadt Kassel. Viel besucht und bewundert sind die Kaskaden mit dem hoch oben auf dem Riesenschloß stehenden Herkules. Nicht zu vergessen sind die künstlichen Wasserfälle, die Aquäduktruine mit dem jäh herabstürzenden Wassermassen und schließlich der Fontänenteich mit der riesigen Fontäne, welche mit natürlichem Druck das Wasser 60 m hoch schleudert.
Diesen Park mit allen Bauwerken ließ Landgraf Carl v. Hessen-Kassel ab 1701 durch den römischen Architekten Guernieri entstehen. Später wurde er im Stil eines englischen Landschaftsgartens so verändert, wie er sich heute dem Besucher darbietet.
Während das Herkulesbauwerk den oberen Abschluß des Parks darstellt, bildet das kurfürstliche Schloß auf einer Terrasse etwa die untere Begrenzung. An seinem Giebel steht mit goldenen Buchstaben:
WILHELMUS I EL CONDIT = Wilhelm I. hat es erbaut.
Der Baubeginn war 1786 und 1806 war endlich auch der Mittelbau vollendet. Dieses Schloß ist das letzte großartige Bauwerk des Kurfürstentums.
Ursprünglich stand hier seit 1143 das Augustinerkloster Weißenstein, welches 1528 von Landgraf Philipp d. G. in der Reformationszeit aufgehoben wurde. Sein Enkel, Landgraf Moritz der Gelehrte, ließ am Anfang des 17. Jh. einige Gebäude zu einem Jagdschloß umbauen und die restlichen abbrechen. In den Wirren des 30jährigen Krieges verfiel diese Anlage und wurde viele Jahre nicht mehr beachtet.
Erst Landgraf Carl (1670-1730) ließ im Zusammenhang mit dem Ausbau des Bergparks Pläne für eine barocke Schloßanlage ausarbeiten, die jedoch aus finanziellen Gründen nicht zur Ausführung kam. Zuviel hatten die Parkanlagen mit den Kaskaden und dem Herkules-Oktogon verbraucht. Auch Landgraf Friedrich II. (1760-85) ließ einen Neubau planen, der aber nicht begonnen wurde.
Erst sein Sohn, Landgraf Wilhelm IX., der 1785 die Regierung übernahm, die Kurfürstenwürde anstrebte und diese auch 1803 noch erhielt, konnte sich ernsthaft mit einem Neubau befassen. Er galt als einer der reichsten europäischen Fürsten seiner Zeit. Zwei Architekten waren für ihn tätig: Simon Louis de Ry (1726-1785) und Heinrich Christoph Jussow (1754-1825).

„König Lustig“

Jérôme Bonaparte, der jüngste Bruder Napoleons I., erblickte am 15.11.1784 als achtes Kind dieser Familie in Ajaccio auf Korsika das Licht der Welt. Achtzehnjährig wurde er von Napoleon zum Marineleutnant befördert, floh 1802 nach Nordamerika als sein Schiff von Engländern verfolgt wurde und heiratete dort Elisa Patterson. Auf Befehl Napoleons mußte er sich jedoch von ihr trennen.
Nach dem Frieden von Tilsit erhielt er das 1807 neu geschaffene Königreich Westfalen und heiratete Katharina, die Tochter des Königs von Württemberg. Gutmütig, aber leichtsinnig und verschwenderisch residierte er im Schloß Kassel-Wilhelmshöhe. Seine überzogenen Ausgaben und die Forderungen Napoleons brachten das Land fast an den Ruin. Nach der Schlacht bei Leipzig flüchtete er, kehrte aber nochmals zurück, um den Kronschatz mitzunehmen.
Er stand weiterhin Napoleon zur Seite, focht bei Ligny und Waterloo und erhielt nach mehrfachem Wohnsitzwechsel 1847 die Erlaubnis, nach Frankreich zurückzukehren. Dort wurde er 1852 sogar Marschall und Präsident des Staatsrates. Er starb am 24.6.1860. Jérôme hatte sich nie bemüht, die deutsche Sprache zu lernen. Seine wenigen Worte sollen „Gut Nacht, morgen wieder luschtik“ gewesen sein, was ihm den Namen „König Lustig“ einbrachte.

Als 1806 das Schloß gerade fertiggestellt war, mußte Kurfürst Wilhelm I. vor Napoleon flüchten und ins Exil gehen. Kassel wurde Hauptstadt des neu geschaffenen Königreichs Westfalen. Napoleon setzte seinen jüngeren Bruder Jérôme als König ein, der nun im Schloß Wilhelmshöhe einzog und es „Napoleonshöhe" nannte.
Nach dem Sturz Napoleons kehrte 1813 Kurfürst Wilhelm I. wieder in seine Residenz zurück. Jérôme hatte zwischen den drei getrennt stehenden Schloßgebäuden überdachte Verbindungen als Wetterschutz einbauen lassen, welche Kurfürst Wilhelm II. (1821-31) anregten, 1829 Verbindungsbauten in voller Höhe hochziehen zu lassen.
Während der französischen Besatzungszeit war das alte Stadtschloß niedergebrannt, so daß Wilhelmshöhe nun Hauptwohnsitz der Kurfürsten wurde.
Im Krieg zwischen Preußen und Österreich stellte sich Kurfürst Friedrich Wilhelm I. gegen Preußen, welches darauf 1866 Hessen besetzte und das Kurfürstentum in eine preußische Provinz umwandelte.
Schloß Wilhelmshöhe wurde nun bald zu einem beliebten Sommersitz der Hohenzollern.
Im Krieg gegen Frankreich 1870/71 geriet Kaiser Napoleon III. in Gefangenschaft und erhielt das Schloß für ein halbes Jahr bis zum März 1871 als Wohnsitz zugewiesen. Zuletzt wohnte hier Kaiser Wilhelm II. mit seiner Familie einige Wochen, bevor er 1918 in Holland Aufnahme fand. Dann wurde es still in den prächtigen Anlagen, welche dann im Januar 1945 durch Fliegerbomben in Trümmer sanken. Die Seitenflügel konnten bald wieder erneuert werden. Der Mittelbau, das „Corps de logis", wurde jedoch erst in neuerer Zeit für die Aufnahme der berühmten Gemäldegalerie und der Antikensammlung restauriert.

Rundgang

Bogenförmig liegt die Schloßanlage vor dem Bergpark. Der Mittelbau enthielt ursprünglich die Repräsentationsräume, Speisesäle sowie Ballsäle und ist heute für die Gemäldegalerie und die Antikensammlung eingerichtet. In dem nördlichen Seitenflügel befinden sich die Schloßkapelle und die Verwaltung der staatlichen Kunstsammlungen mit dem Kupferstichkabinett. Der südliche Weißensteinflügel erhielt seinen Namen nach dem früheren Kloster Weißenstein. Sehenswert sind hier die restaurierten Wohnräume mit Einrichtungen aus verschiedenen Stilepochen.

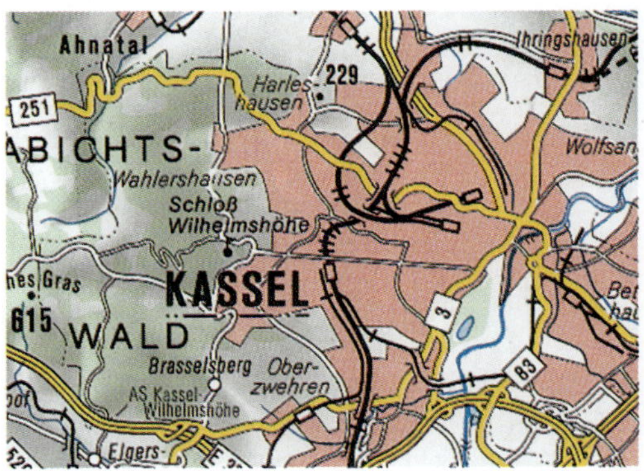

Das Löwenburgtor

Die Löwenburg

Oberhalb des Schlosses Wilhelmshöhe steht auf einem Bergvorsprung des Habichtswaldes ein eigenartiges Bauwerk: Die Löwenburg.
Sie war keine mittelalterliche Ritterburg und wurde auch nicht in einer Fehde zerstört, sondern erst im 18. Jh. in schwärmerischer Erinnerung an vergangene Zeiten als Ruine erbaut.
Landgraf Wilhelm IX., seit 1803 Kurfürst, war als Kind mit seinen Geschwistern nur von der Mutter, einer Tochter des englischen Königs Georg II., erzogen worden. Sein Vater, Landgraf Friedrich II. war 1749 zum Katholizismus übergetreten und daher gezwungen worden, auch auf die Erziehung der Kinder zu verzichten. Das erklärt vielleicht zum Teil Wilhelms spätere Vorliebe für englische Anlagen. Dieser Glaubenswechsel hatte auch zur Folge, daß Wilhelm IX. unter Umgehung seines Vaters die Grafschaft Hanau übertragen wurde, die er dann als Erbprinz von 1764-85 regierte. Die Grafschaft Hanau war 1736 aufgrund eines Erbvertrages von 1643 an Hessen-Kassel gefallen.
Unter seiner Regierung entstand bei Hanau die Schloßanlage Wilhelmsbad im Bereich einer 1709 entdeckten Heilquelle. Dort ließ er auch einen englischen Garten anlegen und eine bewohnbare Burgruine erbauen, in welcher er sich gern aufhielt. Dieses 1779-81 unter englischem Einfluß entstandene Bauwerk ist eine der frühesten künstlichen Ruinen in Deutschland.
Als Landgraf Friedrich II. 1785 starb, übernahm Wilhelm IX. die Regierung

Rüstung des schwarzen Ritters in der Rüstkammer

und zog nach Kassel. Er war wohl der letzte absolutistisch herrschende deutsche Fürst und suchte die Gedanken und Bestrebungen der durch die französische Revolution veränderten Zeit mit Zensur und Gewalt zu unterdrücken. Bei seinem Volk war er daher nicht gerade sehr beliebt.
Bald kam bei ihm der Wunsch nach einem Ruheort auf, in den er sich zurückziehen konnte, entfernt vom Hofstaat und der Bedienstetenschar. Sein Baumeister, Heinrich Christoph Jussow, erhielt den Auftrag, Pläne zum Bau einer Ruine im Bergpark vorzulegen. Sie sollte außer fürstlichen Wohnräumen auch stilgerechte Räume für die Sammlung mittelalterlicher Waffen und Rüstungen enthalten. 1793 begann der Bau einer kleinen vierflügeligen Anlage, die sich nach und nach zu einer umfangreichen Baugruppe erweiterte.
Obwohl die Burg einen hohen Bergfried und mächtige Torbauten mit Zugbrücken erhielt, hatte sie keine wehrhafte Funktion. Sie war stets nur ein „verkleidetes" Wohnschloß im Stil englisch-schottischer Neugotik. 1796 erhielt das Bergschloß den Namen „Löwenburg" und war 1801 endlich fertiggestellt.
Von der in Kassel abgebrochenen Unterneustädter Kirche ließ man Steine zum Bau einer Burgkirche heranschaffen, in der Landgraf Wilhelm IX. für sich eine Gruft anlegen ließ. Hier wurde er, nunmehr Kurfürst Wilhelm I. dann auch 1821 beigesetzt. Das im Chor der Kirche stehende Grabmal zeigt ihn schlafend in Ritterrüstung.
Waffen und Rüstungen des 16./17. Jh. aus seiner Sammlung werden in der benachbarten Rüstkammer aufbewahrt, wobei besonders die legendenumwobene Rüstung des „schwarzen Ritters" auffällt. Schwere Bombenschäden entstanden im 2. Weltkrieg, die seit 1953 zum Teil ausgebessert werden konnten. Noch zerstört blieben bis heute der Bergfried und der Mittelbau. Gut restauriert und zur Besichtigung wieder freigegeben sind der Damenbau und der Herrenbau an der Talseite der Burg.

„Der schwarze Ritter"

Schon mehrere Jahre vor seinem Tod hatte Kurfürst Wilhelm I. angeordnet, daß bei seiner Beerdigung ein Offizier in der Rüstung des schwarzen Ritters dem Trauerzug voranreiten sollte. Diese war von alters her dafür aufbewahrt worden. Im Volk herrschte aber noch der Glaube, daß der schwarze Ritter des Trauerzuges als erster seinem Herrn in den Tod nachfolgen würde.
Man hatte nun den jüngsten Sohn des Oberstleutnant v. Eschwege dafür ausersehen, einen stattlichen jungen Mann, Leutnant im Jägerbataillon. Seine Mutter war jetzt in großer Angst und Sorge um ihren Sohn und bat ihn, die Rüstung nicht anzulegen. Er aber meinte, daß er als Soldat und Ehrenmann nicht zurücktreten könne.
Der 14. März 1821 war ein rauher Tag. Erschöpft und erhitzt war der schwarze Ritter in der schweren Rüstung. Während der Sarg in die Gruft gesenkt wurde, öffnete er das Visier, um sich an der kühlen Luft zu erfrischen. In guter Haltung führte er den Zug von der Löwenburg nach dem Schloß zurück und fuhr anschließend in seine Wohnung. Sechs Tage später starb er dort nach einem starken Fieberanfall. Das Volk aber sah sich in der Meinung bestätigt, daß es auch diesmal, wie immer, geschehen sei.

(Verkürzt nach Zaunert in „Nordhessens Sagen")

Rundgang

Zwei Tore besitzt die Burg, von denen z.Zt. das nordwestliche für Besucher geöffnet ist. Auf der rechten Hofseite stehen der Marstall und die Rüstkammer, dahinter die Kirche und anschließend Wirtschaftsgebäude mit einem Rundturm. Gegenüber liegen museal eingerichtet der Damenbau und der Herrenbau, auch mit Rundtürmen an den Ecken. Der stark beschädigte Bergfried mit dem Rittersaal ist nicht zugänglich. Der vor den Nord- und Westseiten liegende Burggraben führte niemals Wasser.

Wegbeschreibung

Vom Schloß Wilhelmshöhe aus ansteigender Fußweg zur Löwenburg. Zufahrt mit PKW beschränkt möglich.

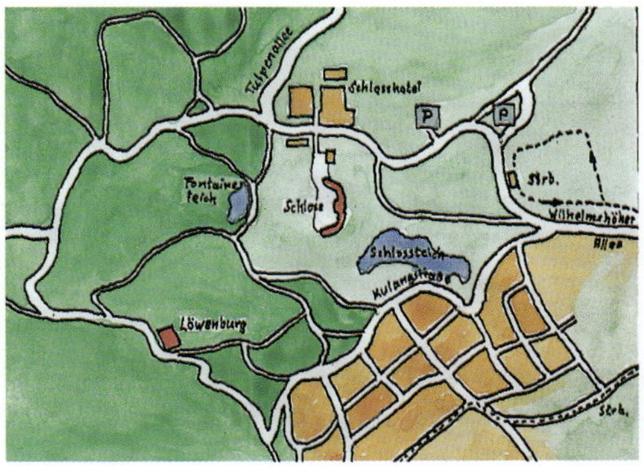

Schloß Berlepsch

Versteckt in den Wäldern nördlich von Witzenhausen steht auf einem nach drei Seiten abfallenden Bergkegel das Schloß Berlepsch unweit der hessisch-niedersächsischen Grenze. Es ist die sehr alte Grenze gegen das damalige Herzogtum Braunschweig-Lüneburg. Häufige Streitigkeiten zwischen den Herzögen und den Landgrafen von Hessen führten im 14. Jh. zum Bau einer Grenzburg an dieser Stelle.

Südwestlich von Göttingen liegt das Dorf Barlissen, in welchem die niederadlige Familie v. Berlepsch im 13. Jahrhundert einen befestigten Hof oder eine kleine Burg besaß. Vermutlich wegen unklarer Geschäfte oder auch wegen Räubereien zerstörte Herzog Albrecht v. Braunschweig um 1297 ihren Stammsitz, den sie dann verließen. Die Familie teilte sich in zwei Linien, nach ihren Wappenzeichen „Sittiche" und „Sparren" genannt. Der mit Braunschweig verfeindete Landgraf Heinrich II. v. Hessen bot der Sparrenlinie zunächst Zuflucht auf der Burg Bischoffshausen, nahe Witzenhausen, und belehnte dann Arnold v. Berlepsch und dessen Sohn Hans mit dem Land oberhalb des Dorfes Gertenbach und einigen Dörfern. 1368 ernannte er diesen niedersächsischen Ritter zum Erbkämmerer mit dem Auftrag, eine Schutzburg zur Sicherung des nördlichen Landesteiles gegen Braunschweig zu bauen. Das „nuwe hus zu Berleybischin" bestand vermutlich nur aus einem einfachen Wohnturm, der 1369 bereits vollendet war. Mauerteile davon blieben in dem heutigen Bauwerk erhalten. Als 1392 die Sparrenlinie mit Hans v. Berlepsch ausstarb, fiel der Besitz als erledigtes Lehen an den Landgrafen zurück.

Sittich v. Berlepsch, der 1458 das Erbschenkenamt übernommen hatte, bewohnte die Burg Sensenstein oberhalb von Kaufungen. Diese wollte Landgraf Ludwig II. gern als Jagdsitz nutzen und so bewog er Sittich v. Berlepsch, die erneuerte Burg Berlepsch im Tausch gegen Sensenstein als Lehen zu nehmen. Sehr bald ließ dieser die Burg stärker befestigen und neue Gebäude errichten. Auch die Vorburg mit dem Zwinger und das Bollwerk an der Südseite stammen aus seiner Zeit. Er ist der Stammvater des heutigen Geschlechts, dessen jeweiliger Senior seit 1869 einen preussischen Grafentitel führt.

Die größte Bedrohung erfuhr die Burg im 30jährigen Krieg, als 1623 Tillys Kroaten und später Wallensteiner plünderten und sie teilweise niederbrannten. Immer wieder aufgebaut, blieb sie stets bewohnt und ist noch heute im Besitz der Familie v. Berlepsch.

Am Ende des 16. Jh. errichtete Hans Christoph v. Berlepsch den Südflügel mit einem mehreckigen Treppenturm im Winkel zum Westflügel, der die Jahreszahl 1593 trägt. Umfassendere Veränderungen erfolgten erst im 19. Jh. 1885 ließ Karl Graf Berlepsch den teilweise verfallenen Ostflügel abbrechen und vollständig neu aufbauen. Auch die übrigen Gebäude wurden bis 1893 im neugotischen Stil erneuert. Beachtliches Ansehen als Vogelkundler erwarb sich Hans Graf Berlepsch (1850-1915), dessen fast 60 000 Exemplare umfassende Vogelsammlung nach seinem Tod vom Senckenberg-Museum, Frankfurt, gekauft wurde. Nach dem 2.Weltkrieg war in dem Schloß mehrere Jahre lang eine gern besuchte Hotelgaststätte eingerichtet. Heute dient es wieder nur Wohnzwecken und ist nicht mehr allgemein zugänglich.

„Vom Ritter, der nicht lesen konnte"

Hans v. Berlepsch, der Sohn des Erbauers der Burg, starb 1392 und mit ihm erlosch die Sparrenlinie dieser Familie. Zu der Zeit war Thilo v. Berlepsch, von der Sittichlinie, Burgmann auf der hessischen Burg Ziegenberg. Er sah jetzt eine Möglichkeit, sich zu verbessern und besetzte kurzerhand die freigewordene Burg Berlepsch. Diese war jedoch als erledigtes Lehen in den Besitz des Landgrafen zurückgefallen. Landgraf Hermann der Gelehrte befahl ihm nun mit einem Sendschreiben, die unerlaubt besetzte Burg schleunigst wieder zu verlassen. Da Thilo v. Berlepsch aber weder lesen noch schreiben konnte, beachtete er die Schreiben nicht und blieb in der Burg. Viele Ritter besaßen zu der Zeit keine entsprechende Bildung und so war sein Verhalten keine Besonderheit. Da er aber auch keinem Mönch traute, den er hätte zu Rate ziehen können, blieben auch weitere Mahnschreiben unbeachtet. Darüber ergrimmt, belagerte der Landgraf schließlich um 1400 die Burg und eroberte sie nach teilweiser Zerstörung. Bald danach wurde die wichtige Grenzfeste erneuert, blieb aber im Besitz der Landgrafen, welche Burgmänner einsetzten.

Rundgang

Vom Parkplatz führt ein leicht ansteigender Weg durch ein gotisches Tor mit einem Allianzwappen zum Haupttor. Neben diesem stehen als frühere Torsicherung rechts ein Halbrundturm und links ein Viereckturm mit einem kleinen Innenhof. Die Treppentürme tragen die Jahreszahlen 1593, 1885 und 1893. Ein Bollwerk mit zwei Halbrundtürmen sicherte einst die Burg an der Südseite.

Wegbeschreibung

Anfahrt auf der B80 von Hedemünden oder Witzenhausen bis Gertenbach. Dort abbiegen in Richtung Mollenfelde. Die Abzweigung zum Schloß ist ausgeschildert.

Merianstich 17. Jh.

Burg Ludwigstein

Sehr reizvoll ist eine Fahrt durch das Werratal von Witzenhausen nach Bad Sooden-Allendorf. Schon bald zeigt sich der bekannte Zweiburgenblick mit dem Ludwigstein oberhalb der Fahrstraße und der Ruine Hanstein, gegenüberliegend auf der Ostseite der Werra. Bereits 1655 hielt Merian diesen schönen Ausblick mit einem Kupferstich fest.

Hoch auf einem vorspringenden Gipfel über einer Werraschleife stehend, ist der Ludwigstein eine der wenigen Burgen in Hessen, die ihr mittelalterliches Erscheinungsbild bewahren konnte.

Unter Landgraf Ludwig I. v. Hessen entstanden am Anfang des 15. Jh. in umstrittenen Grenzgebieten drei Burgen, die seinen Namen erhielten. 5 km nördlich von Bad Hersfeld wurde dicht an der Fulda die Wasserburg Ludwigsau erbaut, die heute völlig verschwunden ist. In den nördlichen Ausläufern des Knüllgebirges errichtete man 7 km westlich von Rotenburg die Burg Ludwigseck. Sie ist schloßartig umgebaut und immer noch bewohnt.

In einer sehr kurzen Bauzeit entstand 1415 der „Ludewygesteyn" und es wurde erzählt, daß der Teufel dabei geholfen habe. Diese Burg war nicht als Grenzfeste gegen die große mainzische Burg Hanstein errichtet, wie früher oft gesagt, sondern als Sitz eines Amtmanns und Mittelpunkt der Verwaltung des hessischen Werragebietes. Erster Amtmann wurde 1416 Hans v. Dörnberg, der Vater des späteren, einflußreichen Hofmeisters Hans v. Dörnberg unter dem Landgrafen Heinrich III. v. Hessen-Marburg. Andere Amtmänner folgten, die zum Teil auch im Pfandbesitz der Burg Ludwigstein waren. In den alten Urkunden erscheinen bekannte Namen, wie v. Buttlar - v. Berlepsch - v. Boyneburg u.a. Der Ludwigstein blieb Amtssitz bis 1664, welcher dann mit dem Schultheißenamt in Witzenhausen zusammengelegt wurde.

Das Archiv der deutschen Jugendbewegung

Bereits 1922 gründete Enno Narten mit seinen Freunden dieses Archiv mit dem Ziel, Literatur und Dokumente sowie Erinnerungsstücke der historischen Jugendbewegung und der allgemeinen deutschen Jugendgeschichte zu sammeln. In der ersten Zeit bewahrte man das eingegangene Material in Burgzimmern auf, welches um 1933 schon einen beachtlichen Umfang angenommen hatte. Diese Archivbestände brachte 1942 die Reichsführung der Hitlerjugend nach Berlin und später nach Lichtenstein in Sachsen, wo sie in den Wirren der Nachkriegszeit gänzlich verloren gingen. 1948 beschloß die Archivleitung eine Neugründung. Durch Schenkungen, Nachlässe und Ankäufe konnte der neue Bestand ständig vermehrt werden. Weit über 15.000 Monographien, umfangreiche Akten, Bilder und Tonträger stehen für Forschungszwecke zur Verfügung. Seit der Errichtung des Meißnerbaus 1963 ist das Archiv zweckmäßig in diesem neuen Gebäude untergebracht.

Rundgang

Von den Parkplätzen führen Fußwege zu dem Gelände der 1862 abgebrochenen einstigen Vorburg. Neben dem Eingangstor steht der ca. 25 m hohe Bergfried. Rechts und links befinden sich die erneuerten Gebäude der nahezu rechteckigen Burganlage. Die Rückwand des Hauptbaus an der hinteren Schmalseite ist etwa 2,4 m stark. Neben der Burg steht am Nordwesthang der 1963 vollständig neu errichtete „Meißnerbau" mit einem großen Saal.

Der Zweiburgenblick an der Werra

1627 erreichte Juliane v. Nassau, die zweite Gemahlin des Landgrafen Moritz v. Hessen, daß ihr und ihren Kindern ein Viertel des Landes zur Nutzung überlassen wurde. Damit entstand die „Rotenburger Quart", zu der neben anderen auch das Amt Ludwigstein gehörte. 200 Jahre blieb dieser Landesteil im Besitz der Quart und fiel erst 1834 nach dem Aussterben dieser Nebenlinie an die Hauptlinie zurück.
Die Burg war nur noch Domänensitz und seit 1848 schon baufällig. Sie wurde notdürftig unterhalten und um 1870 nur noch von einem Ackervogt bewohnt. 1882 gab man sie endgültig auf und dem Verfall preis.
1908 entdeckte Enno Narten, ein führender Vertreter der Jugendwanderbewegung die verfallene Ruine als Wanderziel. Der Gedanke, sie als Jugendburg auszubauen, konnte durch den ersten Weltkrieg nicht verwirklicht werden. Eine 1920 gegründete Vereinigung von Führern einiger Jugendwandergruppen erwarb dann doch das leerstehende Bauwerk und begann mit der Erneuerung. Die hufeisenförmig um einen kleinen Innenhof gruppierten Gebäude wurden vom Schutt befreit, erhielten neue Dächer und einen neuen Innenausbau. Auch der Bergfried wurde wieder begehbar hergerichtet. Über viele Jahre dauerte der Wiederaufbau.
1933 übernahm die Hitlerjugend die Burganlage als Jugendheim, Schulungslager und für die Kinderlandverschickung. 1946 kam der Ludwigstein wieder in den Besitz der Vereinigung und gehört heute einer von dieser errichteten Stiftung „Jugendburg Ludwigstein und Archiv der deutschen Jugendbewegung". Die Burg ist wieder eine gern aufgesuchte Jugendherberge und Tagungsstätte. Sie ist jedermann frei zugänglich.

Wegbeschreibung

Anfahrt auf der B 27 nach den Parkplätzen an der Nord- bzw. Ostseite. Aufstieg zur Burg über Fußwege.

Die Boyneburg

Die Boyneburg im Ringgau war von besonderer Bedeutung für die alte Landgrafschaft Hessen. 1292 übergab König Adolf v. Nassau diese Reichsburg mit der Stadt Eschwege als Lehen an Landgraf Heinrich I. v. Hessen, der damit in den Reichsfürstenstand erhoben wurde.

Am Nordrand der Ringgauhochfläche liegt diese ausgedehnte Burganlage auf einem steil nach Norden abfallenden Vorsprung einer Bergkuppe. Sie war einst mit ausgedehnten Schutzwällen umgeben und die weitläufige Vorburg war groß genug, um ein kleines Heer aufnehmen zu können.

Schon in vor- und frühgeschichtlicher Zeit trug der Berg zwischen den Tälern der Netra und der Ulfe eine Fliehburg. Aus nicht bekannten Gründen waren im 11. Jh. die Grafen v. Northeim in den Besitz des Berges gekommen und erbauten wohl eine erste Burg aus Baumstämmen. Man nimmt an, daß davon der spätere Name abgeleitet wurde. 1107 erschien die „Bemelburch" erstmals in einer Urkunde Kaiser Heinrich V., der sie wegen Räubereien der Burgmänner zerstören ließ. Seit 1123 nannte sich Graf Siegfried IV. v. Northeim auch „Comes de Boumeneburc". Nach seinem Tod fiel 1144 der Burgberg als erledigtes Lehen an das Reich zurück.

Abt Marquard von Fulda übernahm es, die verfallene Burg mit erheblichen Mitteln um 1150-60 zum Schutz der umliegenden Besitzungen des Stiftes wieder aufzubauen. Bereits 1156 weilte hier Kaiser Friedrich I. Barbarossa zum ersten Mal, hielt dann 1166 einen Hoftag auf der Burg ab und stattete 1188 die Priesterstelle der Burgkapelle mit Einkünften aus.

Wegen ihrer besonderen Lage zwischen den Reichsgütern im Harz und in der Wetterau wurde die Burg zu einem wichtigen Stützpunkt. Sie war mit Reichsministerialen besetzt, die sich v. Boyneburg nannten und sich im 13. Jh. in drei Zweige teilten. Als 1292 die Burg hessisches Lehen wurde, betrachteten sie sich jedoch weiterhin als Burgmannen des Reiches und lehnten die hessische Oberhoheit strikt ab. Erst 150 Jahre später ab 1449, verglichen sie sich mit den Landgrafen. Etwa zu der Zeit verließen auch bereits Familienzweige ihre Häuser auf dem Burgberg und errichteten sich Wohnsitze unterhalb desselben.

1792 starb der Zweig Boyneburg-Honstein aus und 1803 die Linie Boyneburg-

Die Boyneburg um 1850

Gefangen auf der Boyneburg

Margarethe, die Tochter Friedrichs v. Boyneburg-Hohenstein zu Jestädt, war mit dem Erbmarschall Georg IV. Riedesel verheiratet. Als dieser 1589 starb, bezog sie einen Witwensitz in Hersfeld. Ihr enges Verhältnis zu dem Abt von Hersfeld, Joachim Ruel, fand ihre Familie äußerst anstößig und man beschloß, sie zu bestrafen. 1606 starb der Abt als letzter der Hersfelder Äbte. Bald danach wurde Margarethe, angeblich auf Befehl des Landgrafen Moritz, von ihren Brüdern Hermann und Walrab auf die Boyneburg gebracht.

Die Leiden ihrer Gefangenschaft hat sie später dem Schultheiß von Hersfeld zu Protokoll gebracht. In ihrem Zimmer hatte man anfänglich die Fenster bis auf einen Spalt zugemauert und später vergittert. Eine Aufwärterin hatte man ihr zwar gelassen, doch wurde sie vom Burgvogt und besonders von dessen Frau sehr drangsaliert. Sie bekam schlechtes Essen, keine saubere Wäsche und konnte sich nicht waschen. Nach 1 1/2 Jahren gelang ihr dann eine abenteuerliche Flucht. Am Palmsonntag hatte man versehentlich die Tür nicht verschlossen und es gelang ihr, mit ihrer Magd, durch ein enges Kellerloch hinauszukriechen. Abgerissen und ausgehungert erreichte sie nach drei Tagen Hersfeld, wo sie ein Fischer in seiner Hütte aufnahm. Margarethe gelang es, sich an Landgraf Moritz zu wenden, der widerstrebend zu vermitteln suchte. Ihre Brüder brachten sie zwar nochmals auf die Boyneburg, mußten sie aber bald auf Anordnung des Landgrafen nach dem Schloß Wanfried bringen. Dort mußte sie schwören, sich nicht an den Verwandten rächen zu wollen. 1612 wurde sie danach in Freiheit nach Hersfeld entlassen, wo sie ihre letzten Lebensjahre verbrachte.
(Verkürzt nach Schmincke und Landau)

Bischhausen und Laudenbach, auch „die Jungen“ genannt. Übrig blieb die Familie Boyneburg-Stedtfeld und Wichmannshausen, „die Weißen“ genannt, der die Ruine heute noch gehört. Nach 1571 wohnte nur noch ein Burgvogt mit seiner Familie auf der Burg, die allmählich verfiel. Den Untergang fand sie im 30jährigen Krieg, als 1626 Tillys Kroaten plünderten und 1637 schließlich die Gebäude niederbrannten. In der notdürftig aufgebauten Burg blieb wieder nur ein Burgvogt bis 1672. Danach wurden auch hier, wie bei vielen anderen Burgruinen, Gebäude und Mauern zur Materialgewinnung abgebrochen. Übrig blieben nur zwei ca. 25m hohe Wände des ehemals fünfeckigen Bergfrieds sowie einige Grundmauern und Wallgräben. Das am Turm angesetzte Torhaus wurde erst 1952/53 an alter Stelle neu angebaut. Ausgrabungen in jüngster Zeit brachten einige neue Erkenntnisse über die frühe Geschichte dieser alten Burg, die als beliebtes Wanderziel gern aufgesucht wird.

„Die Boyneburg-Spende“

Niemand weiß eigentlich so recht, wann und wie dieser alte Brauch entstanden ist, der noch heute gepflegt wird. Nach einer in verschiedener Form erzählten alten Sage soll einst ein Fräulein v. Boyneburg geträumt haben, daß es bei einem Unwetter vom Blitz erschlagen würde. Voll Schrecken suchte man das Fräulein durch Gebete zu schützen, aber das Unglück traf dennoch bald danach ein. Nach ihrem Vermächtnis und zum Andenken wurde daraufhin am Gründonnerstag eine Brotspende an die Armen gegeben.
Volkstumsforscher sind der Meinung, daß hier ein vorchristlicher Ursprung vorliegen könnte, da die Spende am Donarstag verteilt würde. Urkundlich läßt sich dieser Brauch bis etwa in die Mitte des 14. Jh. zurückverfolgen, den man ab 1903 auf den Himmelfahrtstag verlegte.
700 einpfündige Brote und 16 Pfund Speck erhielten Bewohner der neun Dörfer des Umkreises im Rahmen eines Gottesdienstes. Inzwischen erhöhte man die Zahl auf 1000, als die Boyneburg-Spende zu einem Volksfest wurde.
Die „Boyneburg Laibchen“ sollen, zu Hause sorgfältig im Schrank aufbewahrt, ein Jahr lang gegen Blitzgefahr schützen.

Rundgang

Nach steilem Anstieg überquert man drei Abschnittsgräben und erreicht die weitläufige Vorburg. Die Hauptburg ist mit einem tiefen Halsgraben von der Vorburg abgetrennt. Die Hauptburg hat einen trapezförmigen Grundriß, dessen Schmalseite nach dem nördlichen Steilhang zeigt.

Wegbeschreibung

Anfahrt auf der B7 bis Datterode oder bis Wichmannshausen an der B 27 und von dort bis zum Gut Datterpfeife unterhalb der Boyneburg.

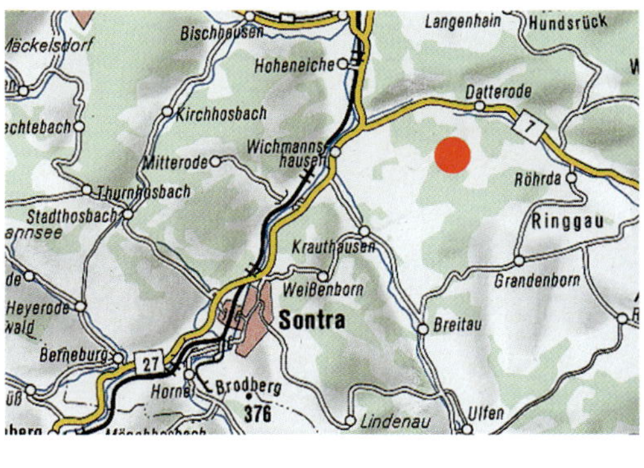

Schloß Rotenburg/Fulda

Landgraf Moritz von Hessen

Als ältester Sohn des Landgrafen Wilhelm von Hessen-Kassel wurde Moritz am 25. 5. 1572 geboren und war zwanzig Jahre alt, als er 1592 die Regierung des Landes von seinem Vater übernahm. Er besaß eine bedeutende Bildung, konnte sich in sieben Sprachen verständigen, musizierte, komponierte und dichtete. Daher erhielt er den Beinamen „der Gelehrte". 1603 - 1606 ließ er das erste Theatergebäude in Deutschland, das Ottoneum, in Kassel erbauen. Die von ihm mit Zwang angestrebte Vereinigung der lutherischen mit der reformierten Kirche konnte er nicht durchsetzen. Durch sein Eintreten für Kurfürst Friedrich V. von der Pfalz, den „Winterkönig", wurde Hessen in die Auseinandersetzungen des 30jährigen Krieges hineingezogen. Nach der Niederlage der protestantischen Union mußte er 1623 Oberhessen und andere Landesteile an Hessen-Darmstadt abtreten. Streitigkeiten mit den Ständen, mit der Ritterschaft und der Familie erzwangen 1627 seine Abdankung zugunsten seines ältesten Sohnes Wilhelm V. Landgraf Moritz starb am 15. 3. 1632 in Eschwege, wohin er sich vergrämt zurückgezogen hatte.

Das Gebiet um Rotenburg an der Fulda gehörte im 9. Jh. der Reichsabtei Hersfeld, wie im Brevier des Lullus verzeichnet. Vögte waren die Grafen Giso, später als deren Erben, die Landgrafen von Thüringen und von Hessen. Denen gelang es, das Vogteigebiet nach und nach an sich zu ziehen. Sie erbauten hier eine Sicherungsburg, neben der bald eine Siedlung entstand, die 1248 als Stadt erwähnt wurde. Diese Stadtburg ist völlig verschwunden und man vermutet, daß sie im Süden der Altstadt gelegen hat. Sie soll nach 1423 als baufällig abgetragen worden sein.

Landgraf Ludwig II. v. Hessen ließ 1470 direkt an der Fulda ein befestigtes Schloß neu errichten, welches jedoch schon acht Jahre später einem Großbrand zum Opfer fiel. Der Wiederaufbau erfolgte aber nicht erst 100 Jahre später, wie mehrfach berichtet, sondern bald nach der Zerstörung. Mehrfach war es danach landgräflicher Witwenwohnsitz. In diesem Schloß fand 1540 die denkwürdige Trauung Landgraf Philipp d. G. mit seiner Nebenfrau Margarete von der Saal statt.

Als Landgraf Philipp d. G. 1567 starb, kam es zur Teilung des Landes für die vier Söhne aus seiner legalen Ehe. Rotenburg kam mit Niederhessen unter die Regierung Landgraf Wilhelm IV., der seine Residenz in Kassel nahm. Er war jedoch Rotenburg besonders zugetan und ließ daher bereits ab 1570 eine umfangreiche Schloßanlage im Stil der Renaissance entstehen. Gebäudeteile des alten Schlosses wurden anfänglich in den Neubau einbezogen, später aber ab 1603 zum Teil auch wieder abgebrochen.

Dieses Schloß war eine geschlossene Vierflügelanlage mit zweigeschossigen Gebäuden und Treppentürmen an den vier Ecken. Merian hat 1646 Rotenburg mit diesem Schloß in einem Kupferstich festgehalten und schrieb dazu: „Rotenburg ist nach Cassel die vornehmbste Fürstliche Residenz Statt/ zu beyden Seiten deß Fuldastrohms gelegen/ unnd zwar das Schloß auff disseit einwarts Landes/ so gantz von Steinen viereckt zusammen gebawt/ im umbfang grösser aber nicht so hoch als das zu Cassel."

Landgraf Moritz ließ das Schloß dann 1607 fertigstellen. Von diesem Neubau blieb, mit geringen Änderungen, bis heute nur der stadtseitige Südflügel erhalten. Alles übrige wurde 1790 bei dem großen Umbau abgebrochen.

Landgraf Moritz, der einzige Sohn Wilhelm IV., war ein schwieriger Regent. Im 30jährigen Krieg mußte er schließlich 1627 sogar zugunsten seines Sohnes Wilhelm V. zurücktreten. Nach dem Tod seiner ersten Frau Agnes, Gräfin zu Solms, heiratete Moritz 1603 Juliane, Gräfin zu Nassau-Siegen. Diese ehrgeizige Frau

Merianstich 17. Jh.

erreichte es, daß für ihre Kinder 1/4 des Landes als besondere Herrschaft abgetrennt wurde, welches als „Rotenburger Quart“ in die Geschichte einging. Rotenburg wurde ab 1627 Residenz dieser Nebenlinie.
Der 30 jährige Krieg brachte mehrfach wechselnde Besetzungen und Plünderungen, doch das Schloß blieb im wesentlichen unversehrt.
Am Ende des 18. Jh. zeigten die alten Gebäude, besonders an der Fuldaseite, zunehmend Verfallserscheinungen, so daß Landgraf Carl Emanuel eine Erneuerung beschloß. Die Pläne hierfür lieferte 1789 der französische Architekt Francois Ignace Mangin. Um die Jahrhundertwende war dann dieser Neubau fertig.
Mit Landgraf Amadeus starb 1834 die Nebenlinie Hessen-Rotenburg aus, so daß die Quart an Hessen-Kassel zurückfiel. Nur noch Hofbeamte bewohnten zu der Zeit das Schloß.
1866 kam auch Rotenburg zur preußischen Provinz Hessen-Nassau. Das Schloß kam jedoch nach langem Streit mit der preußischen Verwaltung in den Besitz der Nebenlinie Hessen-Philippsthal-Barchfeld und wurde wiederum Witwenwohnsitz. 1934 erwarb die Stadt Rotenburg das fast leerstehende Gebäude, in welchem der Reichsarbeitsdienst eine Führerschule unterhielt. Noch 1945 waren zahlreiche Flüchtlingsfamilien froh, in den Gebäuden eine Notunterkunft zu finden.
Schließlich übernahm 1953 der hessische Staat die gesamte Schloßanlage zur Einrichtung der noch bestehenden Landes-Finanzschule.
Das hätten sich die Erbauer des Schlosses wohl nicht träumen lassen!

Die Burg auf dem Rodenberg

Auf dem Hausberg, nördlich von Rotenburg, liegen die wenigen Reste einer einst sehr großen Burganlage, die im Volksmund den Namen „alter Turm“ führt.
Man nimmt an, daß diese Burg nach 1120 von den Thüringer Landgrafen zur Stützung ihrer Macht erbaut wurde, nachdem sie die Vogtei über die Abtei Hersfeld übernommen hatten. Es ist jedoch möglich, daß bereits die Gisonen die Befestigung im 11. Jh. errichteten. Zerstört wurde sie vermutlich in den Auseinandersetzungen am Ende des 14. Jh. Eine Sühneurkunde von 1389 besagt, daß die „Burg uff deme Berge gelegen“ nicht mehr befestigt werden solle. Sie verfiel im 15. Jh., war aber später teilweise noch bewohnt. Besitzer waren in dieser Zeit die Trott zu Schwarzenhasel, weshalb sie auch „Trottenburg“ genannt wurde. Im 17. Jh. waren noch beträchtliche Mauer- und Turmreste vorhanden, die man jedoch in der Folgezeit abbrach.

Rundgang

Von der Hauptstraße gelangt man durch zur Fulda führende Nebenstraßen zum Schloßplatz. Er wird an der Westseite durch den 1603 erbauten Marstall begrenzt. Gegenüber zeigt sich die mächtige Front des Barockbaus mit der Tordurchfahrt zum Innenhof. Bei dem großen Umbau im 18. Jh. wurde der Ostflügel vollständig abgebrochen, so daß eine U-förmige Anlage entstand, die nach dem anschließenden Park geöffnet ist.

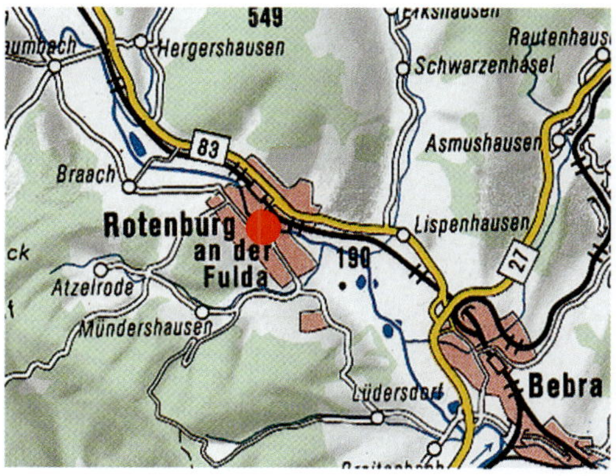

Wegbeschreibung

Rotenburg liegt an der B 83. Die Zufahrt zur Stadt erfolgt über die Fuldabrücke und Abbiegen zum Schloß nach links.

Burg Tannenberg

Am Nordwestrand des Richelsdorfer Höhenzuges liegt das Dorf Nentershausen mit der Burg Tannenberg in einem kleinen Seitental. Ursprünglich bestand diese wohl nur aus einem mächtigen Wohnturm, der „alten Kemenade“, von dem nur Reste an der Zugangseite erhalten blieben. Ob dieser Turm von den Herren v. Baumbach erbaut wurde, oder ob sie eine bestehende Burg übernahmen und im 14. Jh. erweiterten, ist ungeklärt. Das Geschlecht der Baumbachs stammt aus dem gleichnamigen Ort bei Rotenburg/Fulda. Ludwig I. v. Baumbach gilt als Stifter der Tannenberglinie dieser Familie und besaß 1348 die Burg als hersfeldisches Lehen.

Wenig beachtet liegt einige hundert Meter südöstlich vor Nentershausen oberhalb der Hauptstraße die „alte Kuppe“ mit den Wallgräben einer früheren Befestigung. Vieles deutet daraufhin, daß es eine Vorgängeranlage der Burg Tannenberg war. Nach Kriegserfahrungen hatte man sich anscheinend auf den besser zu schützenden, größeren Platz nach Osten zurückgezogen. Die Burg auf der alten Kuppe hat aber vermutlich noch längere Zeit neben der Neuanlage weiterbestanden.

Es müssen wohl besondere Gründe gewesen sein, daß 1360 der Abt von Hersfeld das Lehen auf Landgraf Heinrich II. v. Hessen übertrug. Dieser schloß mit den Söhnen des Ludwig v. Baumbach einen Vertrag und übergab ihnen die Burg als Afterlehen, behielt sich aber das Öffnungsrecht vor.

Da beide Burgen zum Schutz der über den Seulingswald herführenden alten Handelsstraße erbaut worden waren, schloß 1371 die Stadt Erfurt ein Schutzbündnis mit denen v. Baumbach und übernahm die Kosten für das Instandhalten von Mauern und Gebäuden. Dieses Bündnis bestand viele Jahrzehnte und gab den Erfurter Bürgern sicheres Geleit durch die Wälder.

Des öfteren waren die v. Baumbach in Fehden gegen andere Adelsfamilien, aber auch gegen die Landgrafen und die Abtei Fulda verwickelt. Wegen eines Übergriffs auf zwei fuldische Dörfer belagerte Landgraf Heinrich II. v. Hessen, der Eiserne, mit dem Abt Konrad von Fulda 1375 die Burg und zwang die v. Baumbach zu einer jährlichen Sühnezahlung. Nach erneuten Fehden gegen Landgraf

„Heimat- und Bergbaumuseum“

Jahrhundertelang wurde im Richelsdorfer Gebirge im Umkreis von Nentershausen Kupfer- und Silberbergbau betrieben, der erst um 1950 sein endgültiges Ende fand. Bald danach begann der damalige Schüler Gerhard Seib alte Bergbaugeräte, geologische Merkwürdigkeiten und heimatkundliche Gegenstände zu sammeln, um damit ein kleines Museum in dem hohen Wohnbau einzurichten.

Ein später gegründeter Museumsverein übernahm diese Sammlung und konnte sie im Laufe der Zeit umfangreich erweitern. Wegen innerer Baufälligkeit des Hauptgebäudes wurde sie um 1983 in den gegenüberliegenden Bau verlegt. Neben der Entwicklung des Bergmannsgeleuchtes sind viele Originalwerkzeuge, Modelle und historische Aufnahmen zu sehen. Beachtenswert ist auch der heimatkundliche Teil mit bäuerlichen Einrichtungen. Auch der Forstwirtschaft ist ein Raum gewidmet.

Auf dem Platz der einstigen Vorburg sind Fahrzeuge und Grubeneinrichtungen aus neuerer Zeit vor der Stillegung des Bergbaus zu besichtigen.

Rundgang

Nach kurzem Anstieg vom Parkplatz betritt man den schmalen Innenhof durch ein gotisches Tor. Links steht der Baurest der alten Kemenate und daran anschließend der Wohnbau von 1545 mit dem Museum. Auf der rechten Seite steht hinter dem Tor ein einfacher Fachwerkbau von 1690, der zeitweilig als Jugendherberge diente. Der mächtige Wohnbau an der Ostseite von 1555 überragt die gesamte Burganlage.

Hermann d. G. v. Hessen 1385 und 1393 mußten sie die inzwischen aufgebaute starke Nebenbefestigung „Erbestein“ wieder abbrechen.
In der Folgezeit teilte sich die Familie wiederum in mehrere Linien, welche Herrensitze in den umliegenden Dörfern errichteten. Auch auf der Burg erfolgten größere Erweiterungen und Umbauten. 1545 ließ Ewald v. Baumbach neben der alten Kemenate einen dreistöckigen Bau errichten, mit Ställen im Erdgeschoß. In diesem wurde in neuerer Zeit ein Bergwerkmuseum eingerichtet. Das mächtigste Gebäude ist die vierstöckige neue Kemenate, 1375 begonnen und 1555 zu der jetzigen Höhe ausgebaut. Besonders bemerkenswert ist der reizvolle, gotische Kapellenerker an seiner Ostseite. In diesem Bau wohnten seit 1698 fast 200 Jahre lang Bergleute und Landarbeiter. In diesem Jahr hatten die Baumbachs ihren Besitz an Landgraf Carl v. Hessen verkauft. Danach verfielen große Teile der Burg oder wurden abgebrochen.
1903 kaufte ein Familienverband der v. Baumbach die Burg vom Staat zurück, um sie vor weiterem Verfall zu schützen. Sicherungsarbeiten und Instandsetzungen erfolgten auch in neuerer Zeit, doch das weitere Schicksal dieser beeindruckenden Anlage ist noch ungeklärt.
Tannenberg ist eine der wenigen Burgen in Hessen, die ihr mittelalterliches Erscheinungsbild bewahren konnte.

Wegbeschreibung

Anfahrt auf der B 27 und Abbiegen in der Nähe von Sontra nach Nentershausen oder Anfahrt auf der A 4, Abfahrt Wildeck/Obersuhl.

Burg Friedewald

„Die Zerstörung der Burg 1762"

1756 brach der Krieg zwischen Preußen und Österreich aus, der sieben Jahre andauerte und weite Teile Deutschlands überzog. Auch die Burg Friedewald wurde wechselnd besetzt. Nach dem Gefecht bei Wilhelmsthal versuchte 1762 Herzog Ferdinand v. Braunschweig die Franzosen, welche in das Kriegsgeschehen eingegriffen hatten, aus Hessen hinauszudrängen. Dabei besetzten 50 hannoversche Jäger und 10 Reiter unter dem Leutnant Steigleder die Burg und verteidigten sie gegen die wieder heranziehenden Franzosen. Der französische General Stainville vermutete eine starke Besatzung und rückte von Bebra aus mit 4000 Grenadieren, 3000 Mann leichter Kavallerie, 1000 Karabiners und 8 Kanonen sowie 4 Haubitzen heran. Bald war die Burg eingekreist und auch die Höhen waren besetzt. Die Aufforderung zur Übergabe lehnte Steigleder rundweg ab. Als aber der erste Sturmangriff der Franzosen mit Verlusten abgeschlagen wurde, entschloß sich der General, die Burg in Brand zu schießen. Die brennenden und zusammenstürzenden Gebäude zwangen schließlich die Verteidiger doch zu kapitulieren.
Als die kleine Schar die Burg verließ, glaubte der General, daß dies ein Vorkommando sei und die Hauptmacht nun folgen würde. Wie groß war sein Erstaunen, als er feststellen mußte, daß diese kleine Truppe seinen 8000 Soldaten tapfer Widerstand geleistet hatte.

Rundgang

Vor der zerstörten Wasserburg stehen in Hufeisenform die Schloßgebäude aus dem 17. Jh. Der Zugang zur Burg erfolgte einst über eine Zugbrücke. Am Torbau ist ein großes landgräfliches Wappen angebracht. Links daneben steht der mächtige runde Hauptturm mit drei Geschossen. Zwischen diesem und dem Nordturm lag der Saalbau, von dem nur Wände verblieben. Der südliche Turm wird als Brauhausturm bezeichnet und der östliche als Gefängnisturm.

Ja, gibt es denn in Friedewald eine Burg? So hat schon mancher ungläubig gefragt, der durch den hoch am Rand des Seulingswaldes liegenden Ort gefahren war. Dabei liegt diese sehenswerte Burgruine keineswegs tief im Wald versteckt, sondern dicht hinter den Häusern am Ortsrand unterhalb des Dreienberges. Da ihr aber ein hoher Bergfried fehlt, ist sie von ferne nicht gleich zu erkennen.
Breit und wuchtig liegt sie vor dem Besucher, wenn er den Torgang eines der späteren Schloßgebäude durchschritten hat. Noch heute ist die Burg von einem breiten Wassergraben umgeben und zeigt mit den schweren, gedrungenen Ecktürmen und dicken Mauern ein trutziges Bild.
Zum Schutz einer wichtigen Kreuzung alter Handelswege hatte hier die Abtei Hersfeld vermutlich bereits im frühen Mittelalter eine Burg erbaut. Sie kam schon vor 1300 als Hersfeldisches Lehen in den Besitz der Landgrafen von Hessen, die hier auch das Geleitrecht besaßen. 1302 erscheint die Burg erstmals in einer Urkunde und war in der Folgezeit mehrfach an verschiedene Adelsfamilien verpfändet. Hier treten Namen der v. Buchenau, v. Romrod und v. Hattenbach auf.
Einige Adlige waren in den Besitz von Burgsitzen in Friedewald gekommen, die Landgraf Heinrich III. v. Hessen-Marburg nach und nach zurück erwarb. Bereits 1474 setzte er seinen jungen Baumeister Hans Jakob von Ettlingen als Vogt in Friedewald ein und ließ die alte Anlage vollständig abbrechen. 1476 begann dann der Neubau, der bis zur Fertigstellung der Hauptburg 13 Jahre dauerte. Die Gesamtanlage war erst 1500 fertig. Landgraf Heinrich III. starb 1483 und für seinen erst zwölfjährigen Sohn Wilhelm III. übernahm der Hofmeister Hans v. Dörnberg mit drei weiteren Statthaltern die Regierung des Landes bis zur Volljährigkeit Wilhelms. Der Ausbau von Friedewald wurde unter Ettlingens Aufsicht weitergeführt, der inzwischen seinen Wohnsitz in Ziegenhain genommen hatte.
Die festungsmäßig ausgebaute Burg war nicht nur ein wichtiges Bollwerk zum Schutz der hessischen Besitzungen in diesem Gebiet, sondern auch ein beliebtes

Jagdschloß der Landgrafen am Seulingswald. Mehrfach fanden hier auch bedeutsame politische Besprechungen statt. Unter Landgraf Wilhelm IV. wurde 1583 in der Vorburg ein Marstall erbaut und auch Landgraf Moritz ließ 1596-1605 neue Gebäude errichten sowie Veränderungen vornehmen.
Im 30jährigen Krieg wurde Friedewald mehrfach von den Kaiserlichen unter Tilly eingenommen und wieder von hessischen Truppen zurückerobert. Einige Male brannte das Dorf nieder, aber das wehrhafte Schloß überstand auch diese Kriegsstürme. Die durch Plünderungen entstandenen Schäden wurden bald nach Friedensschluß ausgebessert. Zerstört wurde sie erst 1762 im 7jährigen Krieg, als französische Truppen die Burg belagerten und in Brand schossen. Alle Gebäude und die Einbauten der Türme brannten vollständig aus. Erneuert wurden danach nur die Renaissancegebäude der Vorburg. Sie dienten als Amtsgericht und später der Forstverwaltung. Auch ein kleines Museum wurde darin eingerichtet.
Friedewald ist ein bemerkenswertes Beispiel einer quadratischen Wasserburg mit vier Ecktürmen, die bereits beim Aufbau der Geschützentwicklung angepaßt wurde. Gegen die Durchschlagkraft der Kanonenkugeln erhielten die beiden Haupttürme 3,5 m dicke Wände.
Heute untersteht die Burganlage der Liegenschaftsverwaltung des hessischen Finanzministeriums, welche für die Erhaltung Sorge trägt.

Wegbeschreibung

Anfahrt auf der B 62 nach Friedewald. Die Burganlage liegt an der Südostseite des Ortes an einer Nebenstraße.

Merianstich 17. Jh.

Schauspiel im Eichhof

Burg Eichhof

Wenige Kilometer südwestlich von Bad Hersfeld liegt dicht an der Fulda die Burg Eichhof, deren mächtiger Wohnturm aus Sandstein rot durch die Zweige der Bäume leuchtet. Die gut erhaltenen Gebäude wurden im Laufe der Zeit mehrfach verändert und neuen Bedürfnissen angepaßt. Während die Außenmauern und der Wohnturm noch von der alten Kernburg aus dem Anfang des 14. Jh. stammen, sind die Fachwerkobergeschosse im 16. und 17. Jh. aufgesetzt worden. Gänzlich verschwunden ist die einstige Vorburg. Sie lag außerhalb des Wassergrabens, der die Kernburg umgab. Dieser, und auch ein am Ende des 14. Jh. in einem großen Kreis um die Burg herumgeführter zweiter Wassergraben, wurden 1820 vollständig eingeebnet.
Durch die günstige Lage zu alten Handelsstraßen hatte die Stadt Hersfeld im 13. Jh. einen beachtlichen wirtschaftlichen Aufschwung genommen und versuchte, die Abhängigkeit von der Reichsabtei abzuwerfen. Es gelang der Stadt sogar, das Niedergericht in ein Bürgergericht umzuwandeln. Dazu kam, daß die finanzielle Lage der Abtei durch häufige Fehden sehr schlecht geworden war. Die ständigen Streitigkeiten ergaben es schließlich, daß Abt Ludwig v. Mansbach die Stadt verließ und sich vor ihren Toren eine neue Residenz erbaute. Die Grundsteinlegung erfolgte 1328. Während der Abt die Unterstützung der Ritterschaft hatte, stand der Konvent des Stiftes auf der Seite der Stadt und schloß mit dieser 1337 ein engeres Bündnis. Es ist möglich, daß dadurch der Ausbau des neuen Schlosses unter seinem Nachfolger, Abt Johann v. Elben, zum Stillstand kam.
Am Ende des 14. Jh. versuchte Abt Berthold v. Völkershausen mit Waffengewalt weitere Verluste der Abtei zu verhindern und stellte finanzielle Forderungen an die Stadt, die er als „seine eigene“ erklärte. Der daraus folgende jahrelange Kleinkrieg fand seinen Höhepunkt 1378 in der Vitalisnacht, in der die gewarnten Bürger einen Überfall des Abtes erfolgreich abwehren konnten. Da die aufgebrachten Bürger auch den Stiftsbereich besetzt und dort geplündert hatten, dauerten die Auseinandersetzungen noch viele Monate. Sie wurden erst 1379 durch ein Schiedsgericht unter Landgraf Hermann v. Hessen beendet. 1417

Rundgang

Beim Durchschreiten des Eingangstores fällt an der rechten Seite der Wappenstein des Abtes Ludwig Landau von 1592 auf. Die Gebäude der nahezu quadratischen Anlage gruppieren sich um einen engen Innenhof. Neben dem Eingang steht der viereckige, ca. 25 m hohe Wohnturm mit dem spitzgewölbten „Lutherzimmer“. Ein Rundturm sicherte die Burg an der nördlichen Angriffseite.

flammten sie unter dem Abt Albrecht v. Buchenau noch einmal kurz auf, doch dann wurde es ab der Mitte des 15. Jh. still um den Eichhof. 1521 besuchte Luther bei seiner Rückreise von Worms den Abt Crato und übernachtete vermutlich im Stift in Hersfeld.
Die Burg hatte inzwischen ihren Zweck als wehrhafte Befestigung verloren und wurde von Abt Ludwig Landau um 1580 zu einem Sommersitz ungestaltet. 1606 starb Abt Joachim Roell als Letzter der 66 Äbte der alten Reichsabtei.
Seit dem 14. Jh. war der Einfluß der hessischen Landgrafen auf die Abtei ständig gewachsen und als sie später weitgehend protestantisch wurde, übernahm schließlich 1606 Landgraf Otto die Administration. Im 30jährigen Krieg plünderten marodierende Soldaten das Schloß, ließen aber die Gebäude unversehrt. Zeitweilig als Jagdschloß genutzt, wurde der Eichhof dann im 18. Jh. staatliche Domäne.
Eine neue Aufgabe erhielt die Anlage 1952 durch die Einrichtung einer staatlichen Forschungsanstalt für Grünlandwirtschaft und Futterbau. Die Gebäude wurden gründlich renoviert und teilweise zweckentsprechend umgebaut. Neue Bauten entstanden im Umkreis. Das äußere Bild des Burgschlosses blieb jedoch gewahrt.
In jüngster Zeit finden im Innenhof zeitweilig Theateraufführungen im Rahmen der Bad Hersfelder Festspiele statt, bei denen das Schloß als Kulisse ein schönes Bild abgibt.

Die Vitalisnacht 1378

Eine besondere Aufgabe hatte das Schloß „zu den Eichen" in der zweiten Hälfte des 14. Jh. zu übernehmen, als die Streitigkeiten zwischen dem Abt Berthold v. Völkershausen und der Stadt Hersfeld einen Höhepunkt erreichten. Zur Sicherung seiner landesherrlichen Macht war es Ziel des Abtes, die selbstherrlich gewordene Stadt wieder zu unterwerfen. Nachdem er das bisher nur schwach befestigte Schloß mit Gräben, Mauern und Toren zu einer Trutzburg ausgebaut hatte, schloß er sich dem Sternerbund offen an. Dieses war eine gegen Landgraf Hermann v. Hessen gerichtete Rittergesellschaft mit dem Ziegenhainer Wappenstern als Zeichen. Für die Nacht zum 28.4.1378 plante der Abt eine gewaltsame Beendigung des Kleinkrieges durch einen Überfall mit Hilfe der Ritter. Auch Simon v. Haune gehörte mit seinen Brüdern zu diesem Bündnis, doch in ihm regte sich das Gefühl der Rechtlichkeit. Mit vielen Bürgern der Stadt war er freundschaftlich verbunden und so ging es gegen seine Ehre, diese nun heimlich überfallen zu sollen. Er entschloß sich daher zu einer offenen Freundschaftskündigung und sandte der Stadt einen Fehdebrief, die damit gewarnt wurde.
Als nun der Abt mit seinen Bundesgenossen in der Nacht vor der Stadtmauer erschien, fand er einen übermäßig starken Widerstand vor und mußte sich auf das Schloß zurückziehen.
Dieser vereitelte Überfall ist als „Vitalisnacht" in die Geschichte der Stadt Hersfeld eingegangen.

Wegbeschreibung

Anfahrt von Bad Hersfeld auf der B 62 in Richtung Asbach-Alsfeld.

Altenburg und Felsberg

Maschikuliturm

Rundgang

Von der Felsberger Oberstadt führt ein steiler Fußweg hinauf zum Eingangstor an der Westseite der Burg. Der runde Torschutzturm besitzt am oberen Rand eine bemerkenswerte Gußlochreihe (Maschikuli). Vom Zwinger aus gelangt man über Treppen in den oberen Burghof. Der aufgestockte Bergfried ist ca. 30 m hoch und hat einen Durchmesser von ca. 9,5 m. Von den Gebäuden blieben nur das kleine, sogenannte Pulverhaus und einige Keller erhalten.

Fährt man mit der Eisenbahn von Kassel nach Marburg, so grüßen bald hinter der Abzweigung bei Guntershausen die Türme der Ruinen Felsberg und Altenburg. Weißgrau leuchtet der neu verputzte Felsberger Butterfaßturm auf steilem Basaltkegel. Weniger hoch steht der einsturzgefährdete Turm der Altenburg dicht an der Eder.

Diesen Burgen gegenüber stand einst auf dem fast 400 m hohen Heiligenberg eine längst untergegangene, ursprünglich mainzische Burg. Ihre wenigen Baureste wurden vor einigen Jahrzehnten restauriert und es entstand ein beliebtes Wanderziel.

Die Altenburg wurde erstmals 1322 in einer Urkunde genannt, als sie schon teilweise verfallen, in hessischen Besitz kam. Sie ist jedoch sehr viel älter, aber niemand kann sagen, wann und von wem sie erbaut wurde. Wahrscheinlich entstand sie bereits im 11. Jh. zum Schutz einer Ederfurt. Nach dem Wiederaufbau bezeichnete man sie als „neue Burg bei Felsberg“. Seit 1352 war sie zur Hälfte im Pfandbesitz der Herren v. Holzheim. Diese erbauten mit Zustimmung der übrigen Besitzer v. Elben und v. Gilsa am Ende des 14. Jh. den etwa 20 m hohen Bergfried, ein neues Tor und die große Umfassungsmauer. Im Bauernkrieg zerstörten Aufständische 1525 die Burg und erst 1540 richtete sie Georg v. Boineburg-Lengsfeld wieder teilweise bewohnbar ein. Der westliche Teil blieb jedoch ruinös. Im 30jährigen Krieg zerstörten kaiserliche Soldaten 1631 die erneuerten Gebäude wieder. Sie verfielen nach 1760 restlos und wurden ab 1811 verschiedentlich abgebrochen.

Die Ruine ist im Privatbesitz und wegen Baufälligkeit nicht öffentlich zugänglich.

Der schon in frühgeschichtlicher Zeit besiedelte Felsberg beherrschte die hier vorbeiführende alte Sälzerstraße von Frankenberg nach Bad Sooden-Allendorf. Der Berg war vermutlich im frühen Mittelalter auch schon befestigt, doch erst 1060 wird die Burg im Besitz der Grafen v. Velisberc urkundlich genannt. Unterhalb der Burg entstand bald eine Ansiedlung, die schon in der Mitte des 13. Jh. zur Stadt erhoben wurde. Auf ungeklärte Weise kamen die Burg und die Stadt um 1238 in den Besitz der Thüringer Landgrafen. Sie erhielten damit einen wichtigen Stützpunkt gegen die ihnen lästige mainzische Burg auf dem Heiligenberg. Diese zerstörte später 1273 Landgraf Heinrich I. v. Hessen.

Merianstich 17. Jh.

Die Schlüsselfrau zu Felsberg

Das Schloß Felsberg ist im 30jährigen Krieg zerstört worden. Lange zuvor wohnte dort eine Gräfin, die im Besitz großer Schätze war, und beide, die Gräfin wie die Schätze, kann der, welcher die Gelegenheit beherzt ergreift, noch heute in einem unterirdischen Gemach des jetzt verfallenen Schlosses sehen. Von der Schlüsselfrau, wie die Felsberger sie nennen, erzählt man sich viele abenteuerliche Dinge. In der Neujahrsnacht zeigt sie sich am Schloßberg und winkt den Vorübergehenden. Denn sie soll nicht eher erlöst sein, bis der Schatz gehoben ist, welchen sie hütet. Mancher hatte schon die Chance, doch fehlte es zur rechten Zeit an Mut, an Verstand oder Witz. Ein Mann aus der Stadt erblickte sie einst und bemerkte, daß sie ihm winkte. Er nahm all seinen Mut zusammen und folgte der Schlüsselfrau in den Turm des Schlosses, wo sie eine Treppe hinabstiegen. Unten angekommen, sah er einen Haufen Gold aufgeschichtet. Auf dem Tische lag eine weiße Rose. Die Schlüsselfrau sagte, er möge nehmen, was ihm das Beste scheine. Da griff der Mann nach dem Golde statt nach der Rose und plötzlich war alles vor seinen Blicken verschwunden, und er fand sich in der dunklen Nacht am Abhange des Schloßberges liegen. Der Schreck führte seinen baldigen Tod herbei; doch wendete er zuvor sein Vermögen an, um Ländereien im Feld von Gensungen zu kaufen und diese der Kirche zu schenken, mit der Bedingung, daß dafür Messen zum Seelenheil der ruhelosen Schlüsselfrau gelesen würden.

Die Felsburg (Foto oben)
Die Altenburg (Foto unten)

Felsberg wurde hessischer Amtssitz und mit Burgmannen aus dem niederen Adel der Umgebung besetzt. Um 1333 ließ Landgraf Heinrich II., der Eiserne, die Burg erheblich verstärken, den Zwinger an der Nordseite anlegen und den Turm durch einen Aufsatz erhöhen. Auch am Ende des 14. Jh. wurde noch umgebaut, um die Befestigungen der Pulverwaffenentwicklung anzupassen.
Von hier aus verfolgte Landgraf Ludwig I. v. Hessen 1427 den Kampf gegen das mainzische Heer, welcher mit der Niederlage der Mainzer bei Englis endete. Später, von 1511-14 wurde die Burg Witwensitz für die Landgräfin Anna, Mutter des Landgrafen Philipp g. G. Danach bewohnte man sie nicht mehr. Zerstörungen verursachten der 30jährige Krieg und dann der 7jährige Krieg. In letzterem hielten seit 1761 Franzosen lange Zeit die Burg besetzt. Sie wurde 1762 mit vier Kanonen sowie vier Haubitzen von den verbündeten Truppen beschossen. Schließlich stürmten hessische Jäger unter dem Major v. Linsingen die Burg und die französische Besatzung mußte sich ergeben.
Ein schon 1544 auf der Burg eingerichtetes Pulvermagazin blieb sogar bis 1846 für die spätere Kurhessische Armee bestehen, aber die Befestigungen verfielen nach und nach.
In neuerer Zeit ließ das Land Hessen Instandsetzungen vornehmen, während sich ein rühriger Burgverein um die Pflege der Burg bemüht.

Wegbeschreibung

Anfahrt von der Autobahn A 7, Abfahrt Melsungen, über den Stadtteil Gensungen nach Felsberg, oder von der B 254 nach Felsberg abbiegen bei Niedervorschütz.

Burg Spangenberg

Der Liebenbachbrunnen in Spangenberg

Der Liebenbach

Ein junger Bursche und die Tochter des Bürgermeisters von Spangenberg liebten sich von ganzem Herzen. Der Vater aber wünschte sich einen reichen Schwiegersohn und wies den armen Gesellen ab. Die beiden Liebenden gaben aber nicht auf.
Die Bewohner der Stadt hatten in der Zeit oft unter Wassermangel zu leiden. Das war nun der Anlaß für den Bürgermeister, sein Zaudern aufzugeben und die Hochzeit zu erlauben - jedoch unter der Bedingung, daß beide in Jahresfrist das gute Wasser einer Quelle zur Stadt leiten sollten. Dies schien unmöglich zu sein. Doch die jungen Leute gingen alsbald daran, ein Bachbett zu graben und arbeiteten ohne Unterlaß. Nach einem Jahr war das Werk wirklich vollendet, klar und hell floß das Wasser zur Stadt hinein.
Körperlich überanstrengt, aber überglücklich durch den Erfolg fielen die beiden sich in die Arme - doch ein Herzschlag traf beide und setzte ihrem jungen Leben ein Ende.
Ein 1902 errichtetes Brunnendenkmal erinnert an diese alte Erzählung.
(Frei nach Grimm)

Rundgang

Der Zugangsweg führt in weitem Bogen zur südwestlichen Spitzbastion. Eine feste Holzbrücke ersetzt heute die einstige Zugbrücke über den Ringgraben. Der schmale Zwinger um die Kernburg ist teilweise zugänglich. Das große Gebäude rechts hinter dem Torturm enthält Bauteile aus dem 13./14. Jh. und wurde im 15. Jh. verändert. Gut begehbar ist der Ringwall, an dessen Nordostteil das ehemalige Zeughaus, heute Jagdmuseum, steht. Unterhalb desselben befindet sich ein mächtiger, runder Geschützturm aus dem 16. Jh.

Abseits der heutigen Hauptstraßen liegt Spangenberg im Tal der Pfieffe, einem rechten Nebenfluß zur Fulda. Einst führte hier die wichtige Handelsstraße „durch die langen Hessen“ vorbei, zu deren Beobachtung wahrscheinlich um 1214 Hermann I. v. Treffurt eine Burg erbaute. Hoch über der Stadt liegt die später schloßartig und festungsmäßig verstärkte Burg auf einem Muschelkalkkegel mit steilen Abhängen.
Dieses Gebiet gehörte damals der Reichsabtei Fulda, welche es den Grafen v. Ziegenhain zu Lehen gegeben hatte. Diese wiederum übertrugen es den Treffurtern als Afterlehen. Hermann v. Treffurt nannte sich bereits 1238 nach der Burg v. Spangenberg. Als aber 1347 Landgraf Heinrich II. v. Hessen die Lehnsherrschaft von den Ziegenhainern übernahm, verkaufte ihm Hermann IX. v. Treffurt die Burg, die fortan stets in hessischen Besitz blieb. Die strategisch wichtige Anlage wurde Amtssitz und mit Burgmannen besetzt. Landgraf Heinrich II. einziger Sohn und Mitregent, Otto der Schütz, nahm hier seinen Wohnsitz bis zu seinem Unfalltod 1366. Gerüchte besagen, er sei vergiftet worden. Um ihn ranken sich zahlreiche Sagen und Erzählungen.
Oft und gern weilten hier die späteren Landgrafen, welche die Burg als Jagdschloß nutzten. Ludwig I. wurde hier geboren und starb auch in Spangenberg 1458. Er ließ die Burg durch einen schmalen Zwinger mit Halbrundtürmen verstärken und auch den mächtigen Torturm erbauen. Landgraf Ludwig I. zählt zu den bedeutendsten hessischen Fürsten. Er genoß so großes Ansehen im Reich, daß man ihm 1439 die Kaiserkrone anbot, die er aber ablehnte. Er war sich bewußt, daß seine Hausmacht in der schwierigen Zeit zu schwach war.
Im Hinblick auf die wachsenden Spannungen zwischen den protestantischen Fürsten und dem Kaiser, welche dann den Schmalkaldischen Krieg 1546/47 auslösten, hatte Landgraf Philipp d. G. erhebliche Verstärkungen vornehmen lassen. Ein hoher Ringwall wurde hinter einer Mauer angeschüttet, so daß ein tiefer, breiter Graben um die Burg entstand. Zeitweilig wohnte Philipps Nebenfrau, Margarethe von der Saal, auf der Burg, mußte aber bald unter dem Druck des Adels in ein Bürgerhaus in der Stadt Spangenberg umziehen. Dort starb sie 1566 und wurde in der Stadtkirche beigesetzt.
Wegen der gestiegenen Durchschlagskraft der weiterentwickelten Feuerwaffen, ließen auch die nachfolgenden Landgrafen Wilhelm IV, Moritz und Wilhelm V. festungsmäßige Erweiterungen mit Bastionen und Kasematten errichten.
Kroaten versuchten im 30jährigen Krieg die Burg einzunehmen, scheiterten aber im Abwehrfeuer der Besatzung. Im 7jährigen Krieg gelang es jedoch einer französischen Abteilung, die Burg durch einen listigen Handstreich zu besetzen. Bald nach Friedensschluß wurde Spangenberg bis 1866 hessisches Staatsgefängnis und mit 35 Invaliden als Bewachung unter einem Hauptmann besetzt.
Die Festung Spangenberg verlor endgültig ihre militärische Bedeutung nach der Besetzung des Kurfürstentums durch Preußen. Lange Zeit blieben die Gebäude unbewohnt, bis 1870/71 französische Kriegsgefangene eingewiesen wurden. Der tiefe Graben machte jeden Fluchtversuch unmöglich. Die Absicht der Staatsverwaltung die Burg 1906 zu verkaufen, konnte verhindert werden. Stattdessen erfolgte ab 1907 die Einrichtung einer Forstschule, welche 32 Jahre bestand.
Zu Beginn des 2. Weltkrieges wurden wieder Kriegsgefangene einquartiert. Diesmal waren es bis 1945 französische und englische Luftwaffenoffiziere. Kurz nachdem aber im März 1945 das Gefangenenlager aufgelöst worden war,

schossen amerikanische Flieger das Burgschloß in Brand und verwandelten es in eine Ruine.

Ein mühsamer Neuaufbau begann erst 1951 und zog sich über lange Jahre hin. Die gewünschte Wiedereinrichtung einer Forstschule unterblieb. Stattdessen erfolgte der Einbau einer Hotel-Gaststätte und der Aufbau eines Jagdmuseums. Letzteres wurde 1982 in das erneuerte Zeughaus verlegt.

Wegbeschreibung

Anfahrt auf der B 83 und Abbiegen auf die B 486 in der Nähe von Melsungen nach Spangenberg oder von der B 7 über Hess. Lichtenau.

Burg Homberg/Efze

„Die Homberger Synode“

Inschrift am Hauptportal der Kirche: „Philipp d. G., Landgraf in Hessen, hat am 21. und 22. Okt. 1526 in diesem Gotteshaus die Synode abgehalten, durch welche Hessen evangelisch geworden ist.“
Es waren nicht nur politische Gründe, welche Landgraf Philipp dazu brachten, sich der reformatorischen Lehre zuzuwenden. Er wollte aber die neue Ordnung nicht durch ein fürstliches Dekret einführen, sondern die Meinung im Lande erkunden. Daher erfolgte 1526 eine Einladung an die Klöster, Ritterschaft, Stände und Städte zu einer Diskussion. Grundlage waren dafür 158 Thesen, die der Hofprediger Franz Lambert von Avignon, ein ehemaliger Franziskanermönch, entworfen hatte. Nach einem heftigen Streitgespräch mit dem Franziskaner Ferber beschloß die Versammlung, die hessische Kirche zu reformieren. Im Dezember 1526 wurde die Homberger Kirchenordnung veröffentlicht und die meisten hessischen Gemeinden schlossen sich daraufhin der evangelischen Glaubensrichtung an.

Nördlich des Knüllgebirges erhebt sich aus den Niederungen der Schwalm und der Efze ein steiler, weithin sichtbarer Basaltkegel mit der Hohenburgruine. Man nimmt an, daß auch dieser Berg schon in frühgeschichtlicher Zeit befestigt war, doch konnte es bisher nicht durch Funde bewiesen werden.
Bereits 1162 erschien in Urkunden mit Rentwich v. Hohenburg eine Adelsfamilie, die vielleicht im 12. Jh. hier eine erste Burg erbaut hatte. Es war wohl nur eine einfache Turmburg mit einem Mauerring, von der jedoch nichts erhalten blieb. 1246 wurden Burgmannen der Hohenburg als Zeugen in einer Urkunde genannt und damit erstmals die Burg erwähnt. Das Land, und wohl auch der Berg, war im Besitz der Landgrafen von Thüringen und Hessen. Für sie war die Burg von besonderer Bedeutung zur Kontrolle der alten Handelsstraße von Frankfurt nach Leipzig.
Unter Landgraf Heinrich I. v. Hessen erfolgte am Ende des 13. Jh. bereits ein größerer Ausbau der Burg als Verwaltungsmittelpunkt des Amtes Homberg. Weitere Umbauten ließ um 1376 Landgraf Heinrich II., der Eiserne, vornehmen. Erst 1427 erlosch das Geschlecht der Hohenburger.
Als Landgraf Ludwig I. 1458 starb, versuchten seine Söhne anfänglich gemeinsam das Land zu regieren. Die bald auftretenden Streitigkeiten führten schließlich zu dem unseligen hessischen Bruderkrieg von 1469 und einer Teilung des Landes. Homberg fiel dabei an Landgraf Ludwig II. von Niederhessen, der die Burg später seinem jüngeren Bruder Hermann, dem Erzbischof von Köln überließ. In dessen Besitz blieb sie bis zu seinem Tod 1508. Unter diesen Landgrafenbrüdern entstanden weitere Um- und Neubauten. Der Palas wurde 1504-08 vollständig erneuert und erhielt einen Treppenturm. Damit bekam die Burg das Erscheinungsbild, wie von Wilhelm Dilich 1591 gezeichnet.
Am Anfang des 17. Jh. ließ Landgraf Moritz die Burg nochmals verstärken und 1605-13 einen über 150 m tiefen Brunnen anlegen. Dieser wurde nicht, wie manchmal erzählt, von Gefangenen niedergebracht, sondern von besonderen Fachleuten. Abrechnungen darüber sind noch heute vorhanden. Der Brunnen

Merianstich 17. Jh.

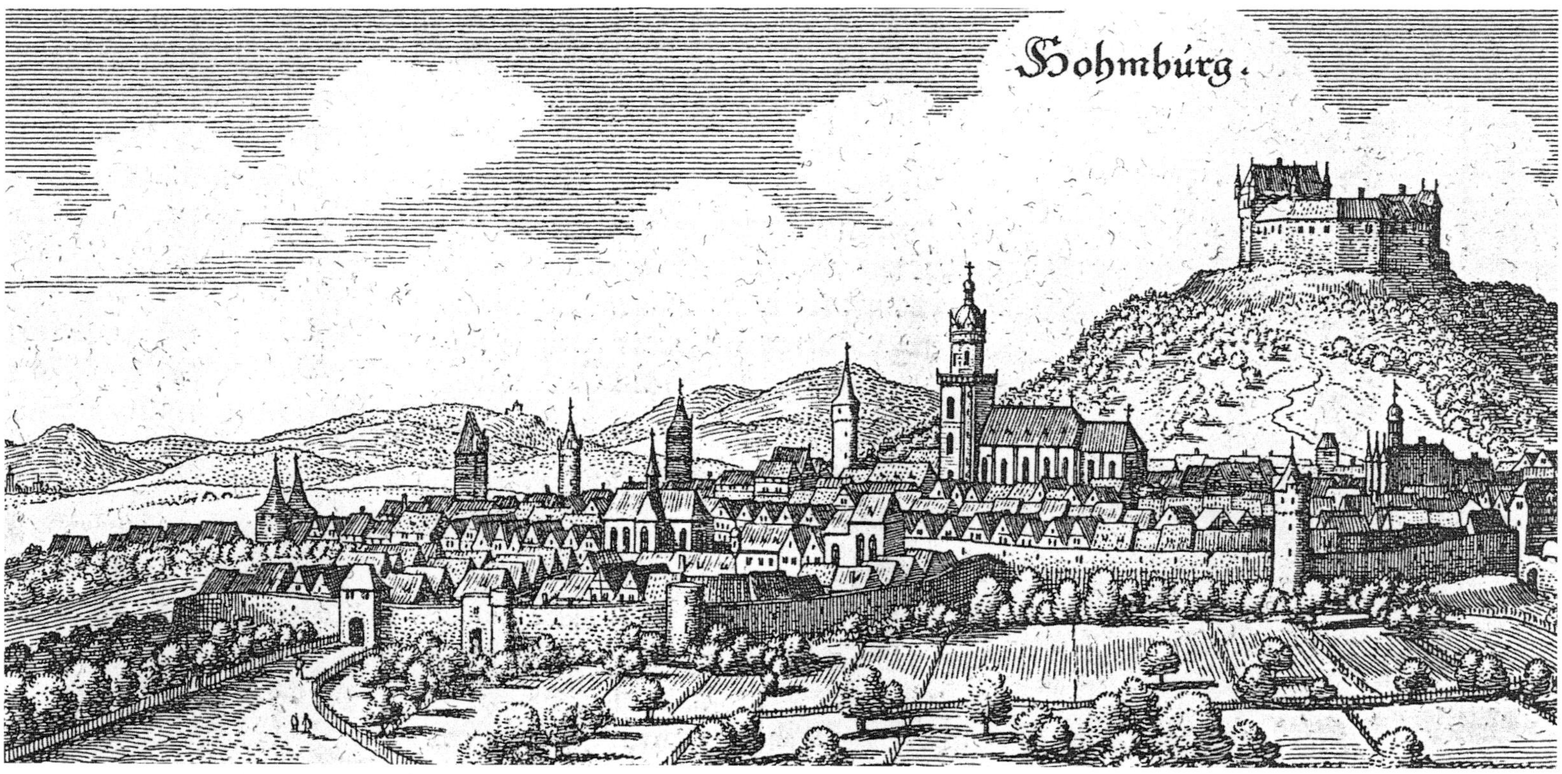

Rundgang

Vom Parkplatz unterhalb des Mauerrings führt der Weg durch den restaurierten Torbau auf den oberen Burghof. Hinter dem Tor liegen rechts die Reste des Brunnenhauses mit dem leider verschütteten Brunnen und noch vorhandenen Zisternen. Hinter der Ostmauer liegen unter dem einstigen Marstall freigelegte Kellergewölbe. Von dem Palas und den anderen Gebäuden blieben nur Grundmauern erhalten. Bemerkenswert sind die hohen Stützmauern der Burgruine. Eine Burgschänke in der Vorburg lädt zum Verweilen ein.

bekam im 30jährigen Krieg insofern eine tragische Bedeutung, da während einer Belagerung eine Frau hineinstürzte und damit das Wasser unbrauchbar wurde. Wegen Wassermangel mußte sich daraufhin die Besatzung ergeben.
Der kaiserliche General Graf Götz hatte anfänglich die Burg vergeblich belagert und beschossen, ohne sie jedoch erobern zu können. Als später die Bewohner der Stadt Homberg die Kontributionsforderungen des Obersten Tirell nicht erfüllen konnten, ließ dieser die Stadt und auch die Burg niederbrennen. Notdürftig wiederhergestellt wurden die Burggebäude bei der Erstürmung durch hessische Truppen noch am Ende des Krieges 1648 erneut zerstört. Die Burg blieb Ruine, da sie ihre Bedeutung verloren hatte und verfiel weiterhin.
1822 kam die Burg in den Besitz der Stadt. Ausgrabungen und Sicherungsarbeiten erfolgten aber erst 1963 unter dem Baurat Dr. G. Textor. Wegen ihrer hohen Lage über der Umgebung besaß die Burg nie einen Bergfried, wie auch der Merianstich zeigt. Der um 1958 vollständig neu erbaute Aussichtsturm macht von weitem auf die Ruine besonders aufmerksam, die seit 1936 von der Burgberggemeinde betreut wird.

Wegbeschreibung

Anfahrt nach Homberg/Efze auf der B 254 oder von der Autobahn BAB 7 über die Zubringerstraße B 323. Die Auffahrt zur Burg ist bezeichnet.

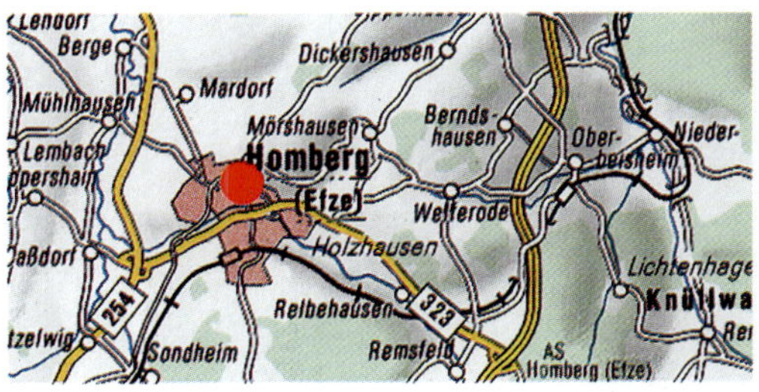

Wallenstein und Neuenstein

Schauenburg

Südwestlich von Kassel liegen oberhalb des Dorfes Hoof auf einem steilen Basaltkegel die wenigen Reste einer Burg. Erhalten sind von dieser nur einige Mauerreste und der ringförmige Umfassungsgraben. Sie wurde zur Materialgewinnung weitgehend abgebrochen.
1073 wurde die „Scouwenborg" bereits urkundlich genannt und war im Besitz des Grafen Adelbert I. v. Schauenburg. Man nimmt an, daß die Grafen v. Schauenburg Schutzherren des Dorfes Kirchditmold und der Klöster Weißenstein und Kaufungen sowie im Besitz des obersten Gerichtes Ditmold waren, welches mehrere Centen umfaßte. Wahrscheinlich veräußerten sie im 12. oder 13. Jh. ihre Stammburg an das Erzbistum Mainz. Albert v. Schauenburg erwarb die Burg Wallenstein von der Abtei Hersfeld und nannte sich 1223 nach dieser, erschien aber später noch in Urkunden unter dem Namen v. Schaumburg. Sein Bruder Ludwig behielt den alten Stammnamen. Mit Graf Berthold erlosch 1252 diese Linie.
Auch das Gericht Ditmold wurde dem Erzbistum Mainz übertragen, und damit verloren die Schauenburger vermutlich ihren Grafentitel.
Aus dem jetzt verschwundenen Dorf Dalwigk, südöstlich von Korbach, stammt die niederadelige Familie dieses Namens. Reinhard v. Dalwigk erhielt am Anfang des 14. Jh. von Mainz die Schauenburg verpfändet und 1332 als Erbburglehen. 1543 scheint die Burg jedoch schon verfallen und unbewohnbar gewesen zu sein. Ob sie zerstört oder als Wohnsitz aufgegeben wurde und danach verfiel, ist nicht bekannt.

Rundgang

Unterhalb der Ruine Wallenstein liegt ein Parkplatz, von dem ein Fußweg im Bogen aufwärts nach dem Gelände der einstigen Vorburg führt. Leicht erhöht liegt dahinter die Kernburg mit der mächtigen Schildmauer und dem an der Hangseite stehenden alten Rundturm.
Neuenstein ist bewohnt und daher im allgemeinen nicht zu besichtigen. Eine schmale Fahrstraße führt bei Saasen hinauf zur Burg.

Dicht an der Autobahn Kassel-Frankfurt liegen diese beiden Burgen vor dem Knüllgebirge, aber während Wallenstein versteckt in einem Seitental der Efze liegt, zeigt sich Neuenstein gut sichtbar neben einer Gefällstrecke. Malerisch liegt sie leicht erhöht mit der welschen Haube auf ihrem runden Bergfried. Ursprünglich hieß die Burg Neu-Wallenstein und wurde im 18. Jh. zu einem Jagdschloß verändert.
Die frühe Geschichte der Burg „Waldinsteyn" ist unbekannt. Sie wurde vermutlich schon im 12. Jh. von der Abtei Hersfeld zum Schutz ihrer westlichen Besitzungen erbaut. Unweit westlich von Kassel liegen bei Hoof die wenigen Reste der einst bedeutenden Schauenburg. Von dieser stammte Graf Albert V. v. Schauenburg, der am Anfang des 13. Jh. die Burg Wallenstein im Pfandbesitz hatte. Nach dieser nannte er sich nunmehr seit 1223 v. Waldinstein. Schon 1250 gab er eine Hälfte des Besitzes an die Abtei zurück und erbaute die anscheinend günstiger gelegene Burg Neu-Wallenstein. Graf Albert II. v. Wallenstein schloß 1267 mit dem Abt Heinrich von Hersfeld einen Tauschvertrag zur Ordnung der Güter um diese beiden Burgen, wobei Neu-Wallenstein = Neuenstein erstmals urkundlich genannt wurde. Als er 1284 ohne leibliche Erben starb, fiel der Besitz an Conrad v. Wallenstein. Conrad war vermutlich ein Nachkomme des Ludwig v. Schauenburg, des Bruders von Graf Albert I. und wurde damit Begründer der neuen Wallensteiner Linie. Diese führte jedoch den Grafentitel nicht mehr.
Im 14. Jh. mehrfach verpfändet, gehörte die Burg später wieder allein den Wallensteinern. Kroaten zerstörten sie im 30 jährigen Krieg und da sie nach dem Anschluß des Hersfelder Gebietes an Hessen seit 1648 keine Schutzbedeutung mehr hatte, blieb sie Ruine. Erst in neuerer Zeit erfolgten Instandsetzungen, um sie vor weiterem Verfall zu schützen.
Eine starke Schildmauer sicherte die fast quadratische Kernburg an der Angriffseite. Während diese erhalten blieb, brach man die verfallenen Gebäude weitgehend zur Materialgewinnung ab. Der stehengebliebene Rundturm wurde in neuerer Zeit zu einem Aussichtsturm umgebaut.
Am Anfang des 14. Jh. besaß Simon v. Wallenstein nur noch die Hälfte der Burg Neuenstein. Je ein Viertel gehörte Friedrich v. Schlitz, genannt Steinau, und Friedrich v. Herzberg. Wegen erheblicher Straßenräubereien, die von der Burg Neuenstein ausgingen, verbanden sich der Abt von Hersfeld, Landgraf Otto

Ruine Wallenstein

Burg Neuenstein

v. Hessen, Graf Johann v. Ziegenhain und Eberhard v. Breuberg um 1318 gegen die Wallensteiner. Sie belagerten und erstürmten die Burg, welche danach bis etwa 1357 als Ruine stehen blieb. Simon v. Wallenstein betrieb eine wechselhafte Politik, stand zeitweilig auf der Seite des Landgrafen gegen das Erzbistum Mainz, dann aber auch wieder gegen ihn. In dieser Zeit besetzte Landgraf Otto die Ruine und schloß mit Simon v. Wallenstein einen Vertrag zur Erneuerung der Burg gegen die Abtei Fulda.
Als 1521 die albertinische Linie der Wallensteiner ausstarb, entstand ein jahrzehntelanger Streit zwischen den Erben, welche wechselweise im Besitz der Burg waren. Ob sie im 30jährigen Krieg beschädigt wurde, ist nicht bekannt, jedoch erfolgten 1639 Instandsetzungen, wie eine Jahreszahl am Tor besagt.
1745 fiel nach dem Tod des letzten Wallensteiners der gesamte Besitz als erledigtes Lehen an den Landgrafen v. Hessen zurück. Neuenstein diente von da an als Jagdschloß und Wohnung von Forstbeamten. Auch jetzt ist es noch Sitz einer hessischen Forstverwaltung.
Erhalten blieb die schloßartig umgebaute Kernburg, während die Außenbefestigungen fast völlig verschwunden sind.

Wegbeschreibung

Wallenstein: BAB 7, Abfahrt Homberg/Efze und Abbiegen bei Remsfeld nach Wallenstein
Neuenstein: BAB 7, Abfahrt Bad Hersfeld und Abbiegen in Richtung Saasen-Schwarzenborn.

Wallenstein (oben), Neuenstein (rechts unten)

Merianstich 17. Jh.

Schloß Arolsen

Wohl niemand, der bewundernd vor dem imposanten Barockschloß in Arolsen steht, ahnt, daß dieses im 18. Jh. an der Stelle eines mittelalterlichen Klosters der Augustinerinnen errichtet wurde. Eine Edelfrau Gepa aus dem Hause der Grafen v. Itter soll es vermutlich 1131 gegründet haben. Klostervögte waren die Grafen v. Schwalenberg, von denen sich 1180 Graf Wittekind III. auch Graf von Waldeck nannte. Das anfänglich durch Schenkungen begüterte Kloster erlebte im 15. Jh. einen Niedergang und wurde schließlich als erstes waldeckisches Kloster von Graf Philipp III. v. Waldeck-Eisenberg säkularisiert. Er baute anschließend 1526-30 die Gebäude zu einem Renaissanceschloß um, welches später im 30 jährigen Krieg noch festungsmäßig verstärkt und 1677 nochmals renoviert wurde.

Das oft geteilte Land war 1696 nach dem Tode des Grafen Georg Friedrich, der die Erstgeburtsregel durchgesetzt hatte, vereinigt an seinen Neffen, Graf Christian Ludwig von der Wildunger Linie, gefallen. Dieser nahm jetzt seinen Wohnsitz in Arolsen als Residenz für das ganze Land Waldeck.

Nichts blieb jedoch von diesem Schloß und den Festungsanlagen erhalten, denn noch vor 1710 ließ sein Sohn Friedrich Anton Ulrich alles restlos abreißen, um einen repräsentativen Neubau errichten zu können.

Er hatte die Reichsfürstenwürde angestrebt, die er dann 1711 auch erhielt und wollte den anderen Fürsten nicht nachstehen.

In Weilburg, der Residenz des Grafen Johann Ernst v. Nassau-Weilburg, war seit 1702 Julius Ludwig Rothweil als Baumeister tätig. Er hatte als etwa 30jähriger um 1700 seine Ausbildung in Paris abgeschlossen und Erfahrungen beim Ausbau von Weilburg und an anderen Orten gesammelt. Rothweil gehörte zu den Baumeistern dieser Zeit, die gleichzeitig Offizier, Ingenieur und Architekt waren, wie auch der geniale Balthasar Neumann zu Würzburg.

Fürst Friedrich Anton Ulrich war es gelungen, Rothweil für die Planung der Neuanlagen in Arolsen zu gewinnen. Nicht nur ein neues Schloß sollte entstehen, sondern auch eine neue Stadt mit Wohnungen für die Hof- und Landes-

Christian Daniel Rauch

Der berühmteste Sohn Arolsens ist der Bildhauer Christian Daniel Rauch. Er wurde 1777 als Sohn des fürstlichen Lakaien Georg Rauch geboren und begann mit 14 Jahren eine Bildhauerlehre. Danach arbeitete er in Kassel und besuchte dort die landgräfliche Akademie.

Um Geld für die Familie zu verdienen, war er mehrere Jahre als Kammerdiener am preussischen Hof, arbeitete aber nebenbei als Bildhauer weiter und stellte erstmals größere Arbeiten aus. Ein sechsjähriger Aufenthalt in Rom folgte, bei dem er mit namhaften Künstlern und Politikern zusammentraf. Durch Vermittlung Wilhelm v. Humboldts erhielt er 1810 den Auftrag zur Ausführung des Grabmals der plötzlich verstorbenen Königin Luise. 1819 konnte er endlich eine eigene Werkstatt in Berlin gründen und wurde Professor an der königlichen Akademie. Zahlreiche Denkmäler, Standbilder und Büsten stammen von ihm. Zu den bedeutendsten Arbeiten zählt das monumentale Reiterstandbild Friedrich d. Großen. Rauch stand in hohem Ansehen beim Hof und dem Adel sowie bei den gebildeten bürgerlichen Kreisen. Er starb 1857 in Dresden.

In Arolsen blieb sein Geburtshaus erhalten. Ein kleines Museum darin erinnert an sein Wirken. Als Geschenk Rauchs an seine Heimatstadt stehen in der Stadtkirche die Statuen „Glaube, Liebe, Hoffnung“.

beamten. Auch Händler, Handwerker und andere Gewerbetreibende sollten angesiedelt werden.

Rothweil entwarf eine dreiflügelige Schloßanlage mit einem nach Süden offenen Ehrenhof und seitlichen Vorbauten. Diese begrenzen einen größeren Vorhof, der mit einem Gitter abgeschlossen ist. Zwei Wachhäuser flankieren den Eingang. Die Stuckarbeiten übertrug Rothweil dem Italiener Andrea Gallasini.

Ursprünglich sollte die neue Stadt symmetrisch angelegt werden, doch wurde schließlich nur die westliche Seite ausgeführt. Oft blieb der gewaltige Ausbau stecken, da er die finanziellen Kräfte des kleinen Landes weit überstieg. Fürst Friedrich Anton Ulrich starb 1728 und erlebte die Fertigstellung des Schlosses nicht. Erst ein Jahr später war es im wesentlichen vollendet, aber noch Jahrzehnte wurde daran gebaut, zum Teil bis in das 19. Jh. hinein.

Fürst Carl Friedrich August, als Nachfolger sah sich gezwungen, verschiedene Änderungen der ursprünglichen Planung vorzunehmen, was die Entwicklung der Stadt erheblich beeinflußte.

Das Schloß wird noch heute von der fürstlichen Familie bewohnt, jedoch wurde ein Teil zur öffentlichen Besichtigung freigegeben.

Wegbeschreibung

Zufahrt nach Arolsen auf der B 450 oder B 252. Das Schloß liegt an der Hauptstraße im Osten der Stadt.

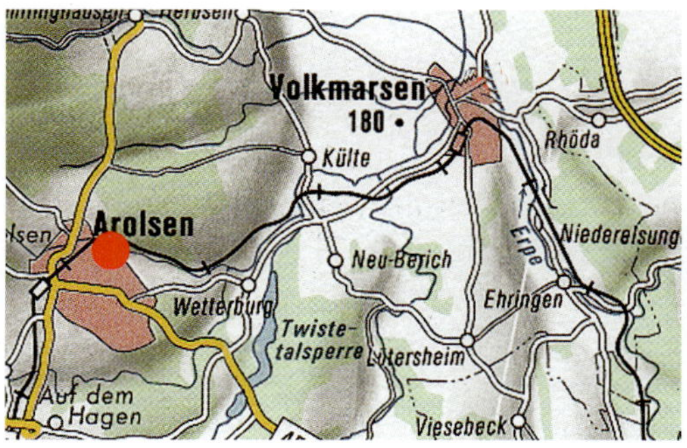

Burg Eisenberg

Goldwäscher - 1657.
(G. Agricola - „Bergbau- und Hüttenkunde“.)

Unweit südwestlich von Korbach liegt der 562 m hohe Eisenberg zwischen den Ederhöhen und dem Waldecker Upland. 1905 errichtete man auf dieser Kuppe einen ca. 25 m hohen, massiven Aussichtsturm, Georg-Victor-Turm nach dem damaligen Fürsten v. Waldeck und Pyrmont genannt. Weit schweift der Blick von hier oben nach Westen in das hügelige Upland. Im Osten sieht man die Türme der Weidelsburg, den Dörnberg und den Habichtswald. Südwestlich ragt weit hinten sogar die 674 m hohe Sackpfeife bei Biedenkopf heraus.
Einst stand hier eine schloßartig erweiterte Burg, die nach ihrer Zerstörung in der Mitte des 17. Jh. lange Zeit in Vergessenheit geraten war. Dilich, Meißner und zuletzt 1640 Merian haben sie gezeichnet. Die älteste Abbildung ist jedoch die Zeichnung des Oberförsters und Rentschreibers Johann Berthold von 1586, welche im Staatsarchiv Marburg aufbewahrt wird. Sie alle zeigen das Bild des Schlosses zur damaligen Zeit.
1975 begann eine freiwillige Arbeitsgruppe mit Ausgrabungen, die schließlich zur Freilegung des Burggrabens und umfangreicher Mauerteile führten. Die danach hergestellten Aufmessungen geben ein genaues Bild über die Größe und Lage der einzelnen Gebäude.
Es wird vermutet, daß das 1254 in einem Vertrag des Grafen Adolf I. v. Waldeck mit den Bischöfen Otto von Münster und Simon von Paderborn außer der Burg Waldeck erwähnte „Castrum Goldenberg“ identisch mit dem Eisenberg ist, der vielleicht ursprünglich Königsgut war. Ländereien auf dem Berg kamen schon 1126 an das Kloster Corvey. Es ist möglich, aber nicht gesichert, daß am Anfang des 13. Jh. hier eine Burg erbaut wurde. Die erste sichere Nachricht stammt von 1367, als sie im Besitz der Grafen v. Waldeck war. In diesem Jahr wurde sie nämlich von Graf Otto II. mit seinem Sohn Heinrich VI. an den Ritter Hermann v. Rhena verpfändet, jedoch behielten die Grafen das Öffnungsrecht.
In der Mitte des 15. Jh. war Eisenberg Mittelpunkt eines Amtes und um 1500 residierte hier Graf Philipp II. v. Waldeck. Er stiftete damit die Linie Waldeck-Eisenberg und ließ Erweiterungen vornehmen. Schloßartige Umbauten erfolgten dann 1520 unter Graf Philipp III. mit seiner Frau Anna von Cleve. Ihre Wappen

Das Gold auf dem Eisenberg

Schon im hohen Mittelalter war auf dem Eisenberg mit Erfolg nach Gold gegraben worden, wie schon 1250 von dem Theologen und Naturforscher Albertus Magnus beschrieben. 1426 gab es dort fünf Gruben, die von Nürnberger Unternehmen betrieben wurden. Aus der alten Bergarbeitersiedlung entstand später das kleine Bauerndorf Goldhausen. Noch 1597 förderten die Gruben, doch im 30 jährigen Krieg kam der Abbau zum Erliegen. Danach versuchte man 1661, 1728 und 1847 den Goldbergbau wieder aufzunehmen, jedoch mit wenig Erfolg. Selbst Untersuchungen in neuester Zeit waren vergeblich.
Viele Stollen und Gänge sind in dem Berg noch vorhanden, aber größtenteils verfallen und zugeschüttet. Bei der Suche nach alten Gängen stieß man 1975 im Bereich der Burg auf einen Schacht, der dann freigelegt wurde und jetzt von oben eingesehen werden kann. Ob er als Brunnen diente ist fraglich. Das technische Hilfswerk Korbach errichtete darüber eine Schutzhütte mit der Nachbildung einer einfachen Schachtwinde.

Rundgang

Vom Parkplatz oberhalb von Goldhausen führt ein kurzer, steiler Fußweg zur Burgruine und zum Aussichtsturm. Dieser ist in den Sommermonaten von 9-18 Uhr geöffnet und frei zugänglich. Von oben kann die Ruine in ihrer ganzen Größe betrachtet werden.

sind am Aussichtsturm angebracht. 1565 ließ Graf Wolrad II. ein weiteres Gebäude mit einem Torbau errichten.
Im 30jährigen Krieg besetzten 1621 Truppen des Landgrafen Moritz v. Hessen Schloß Eisenberg und verwüsteten es teilweise. Möglicherweise wurde es dann 1640 durch kaiserliche Soldaten niedergebrannt oder erst 1649 durch Blitzschlag zerstört.
Einige Gebäude setzte man wieder instand, denn von 1664-68 war das Schloß Witwensitz der Gräfin Juliane Elisabeth. Dann aber erfolgte ein langsamer Verfall und um 1700 war das stolze Bauwerk bereits Ruine. Steine wurden zum Bau einer unterhalb gelegenen Meierei abgetragen, welche aber schon bald ein Großfeuer vernichtete. Die Baureste der Burg verschwanden allmählich unter dem Waldboden, bis sie 1975 durch Zufall beim Aufwältigen einer alten Goldgrube wiedergefunden wurden.

Wegbeschreibung

Anfahrt nach dem Korbacher Ortsteil Goldhausen auf dem Eisenberg von Korbach aus über Lengefeld oder über Nordenbeck.

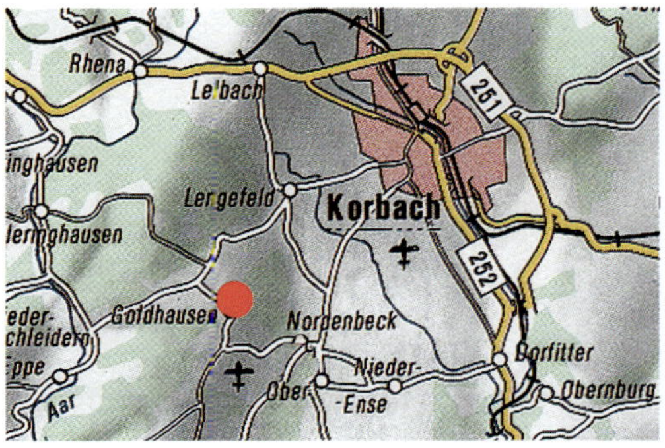

Graf Josias II. v. Waldeck

Graf Josias II. v. Waldeck von der jüngeren Wildunger Linie, geb. 1636, wurde Soldat, wie viele seiner Vorfahren. 1668 stand er als Generalmajor im Dienst der Republik Venedig. Bei der Verteidigung der befestigten Stadt Heraklion (damals Kandia) auf Kreta gegen Angriffe der Türken wurde er schwer verwundet. 1669 starb er dort an den Folgen und wurde in Wildungen beigesetzt. Sein prächtiges Grabdenkmal steht im Chor der Wildunger Stadtkirche. Den vom 1663 begonnenen Neubau des Schlosses erlebte er nicht.

Museum Schloß Friedrichstein

Durch Auslagerung konnte im letzten Krieg der Museumsbestand zur hessischen Militärgeschichte und historischer Jagdgeräte der Staatlichen Kunstsammlungen Kassel gerettet werden. Nach jahrzehntelanger Aufbewahrung in Magazinen konnten die wertvollen Exponate 1980 endlich in ansprechender Form in den renovierten Räumen des Schlosses Friedrichstein ausgestellt werden. Gezeigt wird die Waffenentwicklung bis zum 18. Jahrhundert und die Militärgeschichte des Kurfürstentums Hessen bis 1866. Ein besonderes Glanzstück ist die sogenannte Türkenbeute, von hessischen Truppen 1717 bei der Schlacht von Belgrad erbeutetes Kriegsgerät. Auch die Geschichte des waldeckischen Militärs wird dargestellt. Die umfangreiche Jagdgerätesammlung enthält Ausstellungsstücke vom 16. bis 19. Jahrhundert. Zahlreiche Gemälde, auch von Joh. Tischbein d. Ä., geben Einblicke in die damalige Zeit.

Schloß Friedrichstein

Im südöstlichen Zipfel des Altkreises und früheren Fürstentums Waldeck liegt gegenüber von Bad Wildungen, durch das Tal der Wilde getrennt, der Ortsteil Alt-Wildungen mit dem Schloß Friedrichstein. Dieses entstand im 17./18. Jh. auf den Bauresten einer alten Burg. Nur wenige Mauern und Keller blieben von dieser unter dem Schloß erhalten. Ein tiefer Halsgraben trennte die Burg von der nördlich davon entstandenen Burgmannensiedlung ab, die gegen 1358 sogar eingeschränkte Stadtrechte und eine Befestigung mit Mauern und Toren erhielt.

Schon um 800 war das Dorf Wildungen als Besitztum des Klosters Hersfeld urkundlich genannt worden. Hier lag möglicherweise der Stammsitz einer später auftretenden Adelsfamilie v. Wildungen, welche vermutlich um 1200 eine Burg über dem Wildetal erbaute. Vielleicht war das Gebiet aber auch im Besitz der Grafen v. Ziegenhain und kam am Anfang des 13. Jh. an die Thüringer. Graf Friedrich, der Sohn des Landgrafen Ludwig II., war mit Luitgardis (Lucardis), Gräfin v. Ziegenhain, verheiratet und nannte sich nun Graf v. Wildungen. Die Burg blieb im Besitz der Thüringer bis zu deren Aussterben mit Heinrich Raspe im Jahre 1247.
Nun begann das Erzbistum Mainz von Fritzlar aus in dieses Gebiet vorzudringen. Mit Hilfe des Grafen Adolf v. Waldeck versuchte Erzbischof Dietrich III. die Burg zu gewinnen, stieß aber auf den Widerstand der Herzogin Sophie v. Brabant. Nach den folgenden schweren Kämpfen erhielt aber Graf Adolf v. Waldeck die Burg zugesprochen und 1249 verzichtete Mainz auf seine Ansprüche.
Die nun mit Burgmannen besetzte Burg wurde um 1318 waldeckischer Amtssitz, was aber nicht hinderte, sie 1390 gänzlich und 1423 zur Hälfte mehrere Jahre zu verpfänden.
Da die Burg nicht mehr der fortgeschrittenen Waffenentwicklung entsprach, ließ sie Graf Philipp IV. v. Waldeck mehrfach umbauen und 1526-30 den schweren Rundturm als Geschützbastion errichten. Mit Graf Wilhelm Ernst starb 1598 die

Merianstich 17. Jh.

ältere Wildunger Linie der Waldecker aus und der Besitz fiel an einen Zweig der mittleren Eisenberg-Linie. Graf Christian v. Waldeck nahm hier seine Residenz und stiftete damit die jüngere Wildunger Linie.
Kämpfe um die Burg haben nicht stattgefunden, bis der Schrecken des 30jährigen Krieges kam. Fast an seinem Ende wurde 1640 die Burg noch von schwedisch-niederhessischen Truppen niedergebrannt. Erst 1663 begann dann Graf Josias II. mit einem Neubau, zum Teil auf alten Grundmauern. Er starb 1669 nach einer Verwundung in einem Feldzug gegen die Türken und seine Frau Wilhelmine Christine vollendete 1672-74 den angefangenen Schloßbau.
Seine heutige Form erhielt das Schloß 1707-14 unter Graf Friedrich Anton Ulrich, nachdem es „Friedrichstein" benannt wurde. 1711 erhielt er die Reichsfürstenwürde und verlegte seine Residenz 1720 zu dem neu erbauten Schloß Arolsen. Friedrichstein wurde nur noch selten bewohnt, blieb lange Zeit ungenutzt und diente 1870/71 als Lazarett. 1920 fiel das Schloß an den Gemeindezweckverband Wildungen und 1945 an das Land Hessen.
Heute befinden sich in den renovierten Gebäuden seit 1980 die „Militär- und Jagdabteilung" der staatlichen Kunstsammlungen Kassel, sowie Wohnungen und eine Gaststätte.

Rundgang

Eine Steinbrücke führt über den Halsgraben zum Eingangsportal. Rechts steht der mächtige Rundturm, an den sich das Hauptgebäude anschließt, in welchem das Museum untergebracht ist. Im hinteren Gebäude der dreiflügeligen Schloßanlage befindet sich die Gaststätte. Friedrichstein ist ein Bauwerk im Stil der ausgehenden Renaissance und des Barock.

Wegbeschreibung

Zufahrt von Bad Wildungen durch das Tal der Wilde zum Ortsteil Alt-Wildungen.

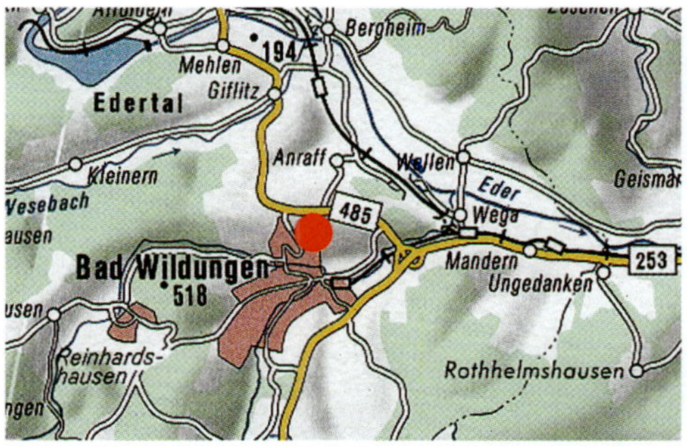

Alte Kanone im Turm

Burg Nordenbeck

Vor dem Südosthang des Eisenberges bei Korbach liegen im Quellbereich der Itter die Ansiedlungen Nordenbeck und Oberense. Beide gehören heute als Ortsteile zur Stadt Korbach.
Von der alten Burg in Oberense blieben nur wenige Mauerreste übrig. Sie wurde am Anfang des 18. Jh. abgebrochen, um verwertbare Steine für einen Schloßbau in Korbach zu verwenden. Dagegen steht in Nordenbeck der mächtige Wohnturm einer Burganlage noch in voller Höhe.
Wohntürme sind eine besondere Bauform von mittelalterlichen Burgen. Sie entstanden oft im 13./14. Jh. an der Stelle früherer kleiner Wasserburgen. Nur wenige blieben bis in unsere Zeit erhalten und insofern ist der Turm von Nordenbeck eine sehenswerte Besonderheit.
Mit Seitenlängen von 11 und 12,5 m hat er über 2 m dicke Wände. Bis zum Dachansatz ist er etwa 23 m hoch und besitzt über dem Erdgeschoß fünf Stockwerke. Nur wenige kleine Fenster lassen Licht in das Innere. 1881 wurde das hohe, steile Dach erneuert und erhielt dabei wieder vier stilgerechte Wurferker an den Ecken. Ursprünglich war die ganze Anlage von einer Wehrmauer mit Wall und einem Wassergraben umschlossen. Bis auf Reste an drei Seiten wurden Wall und Mauer abgebrochen. Die Gräben wurden teilweise trockengelegt und verfüllt. Auf dem Gelände der einst mit einem Graben abgetrennten Vorburg stehen die heutigen Gebäude der Hofanlage.
Bereits 1036 wurde Nordenbeck als Vorwerk des Paderborner Herrenhofes zu Korbach urkundlich erwähnt. 1306 erschienen in Urkunden die Herren v. Nordenbeck, welche vermutlich im 13. Jh. hier eine Burg als Lehen der Grafen v. Itter erbauten. Seit 1341 waren die v. Viermünden mit den v. Nordenbeck verschwägert und es gelang ihnen, nach und nach Teile von deren Besitz zu erwerben. Als dann 1380 die v. Nordenbeck ausstarben, fiel auch der Rest an Brosecke v. Viermünden, der mit Agnes v. Nordenbeck verheiratet war. Er erbaute um 1412 den großen Wohnturm auf der alten Burganlage. Ein später 1443-53 neben dem Turm errichteter Wohnbau mußte in der Mitte des 19. Jh. wegen Baufälligkeit abgebrochen werden.

Lengefeld

Unweit westlich von Korbach liegt das Dorf Lengefeld an der Nordseite des Eisenbergs. Auch hier stand einst ein mächtiger, quadratischer Wohnturm aus dem 14./15. Jh., der sicher dem Turm von Nordenbeck ähnlich sah. Sein verfallenes Oberteil wurde im 17. Jh. bis auf drei Stockwerke abgetragen. Der Stumpf mit ca. 2 m dicken Wänden verbirgt sich heute, äußerlich nicht erkennbar, im Herrenhaus der Hofanlage. Im Inneren sind die früheren Geschoßhöhen noch zu sehen. Das Bauwerk wurde in späterer Zeit mehrfach erneuert, erhielt größere Fenster und am Ende des 19. Jh. einen Fachwerkanbau. Der Umfassungsgraben dieser ehemaligen Wasserburg wurde vollständig eingeebnet.
Nordwestlich des Ortes liegen im Wald die Reste eines ovalen Wallgrabens von einer frühen Burg aus dem 9./10. Jh., „Hünenkeller" genannt. Sie war vielleicht noch im 13. Jh. Wohnsitz der 1228 urkundlich genannten Herren von Lengefeld. Ob diese später die tiefer liegende Wasserburg erbauten, ist nicht gesichert. Sie war als Lehen des Grafen v. Everstein im wechselnden Besitz verschiedener Adelsfamilien und kam im 14. Jh. unter die Oberhoheit der Grafen von Waldeck. 1632 übergab Graf Wolrad v. Waldeck den Besitz seinem Kanzler Zacharias Vietor als Lehen, der den Wohnturm umbauen ließ. 1811 wurde das Gut verkauft, nachdem das Lehen in Privatbesitz umgewandelt worden war.

Lengefeld

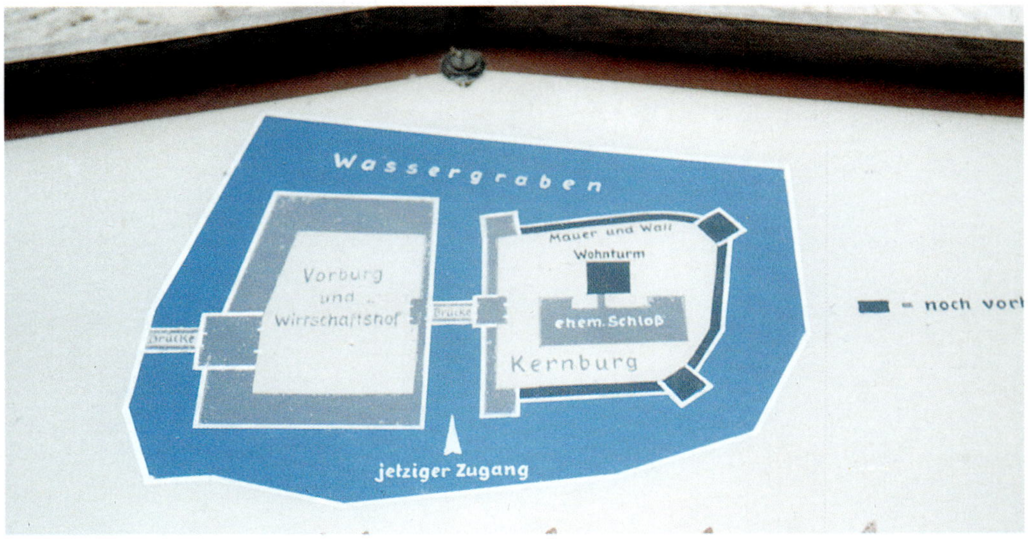

Grundriß der Hof- und Burganlage Nordenbeck

Mit Hermann v. Viermünden starb 1563 der Familienzweig Nordenbeck aus. Seine Tochter hatte im gleichen Jahr den Grafen Heinrich IX. v. Waldeck geheiratet, der aber schon 1577 starb. Ihre Vettern hatten den Besitz schon vorher an sich gezogen, mußten ihn aber nach einem Prozeß vor dem Reichskammergericht wieder Anna v. Viermünden überlassen. Nach ihrem Tod 1599 wechselten durch Erbübergänge mehrfach die Besitzer. 1790 pachtete Caspar Heinrich Canisius die Hofanlage Nordenbeck, die sein Sohn durch Kauf erwerben konnte. Sie ist heute noch im Besitz dieser Familie.

Die Taube von Nordenbeck

Ambrosius v. Viermünden hatte außer seinen Söhnen noch eine Tochter Mechthild. Diese wuchs mit ihren Brüdern auf und lernte auch Reiten, Speerwerfen und Schießen mit der Armbrust. Neben anderen Rittern hatte sich auch Lothar v. Eppe um das schöne Edelfräulein beworben, aber sie hatte ihn abgewiesen. Bei einem Turnier lernte sie Reinhard v. Dalwigk von der Weidelsburg kennen und verlobte sich bald mit ihm. Da sich die beiden nicht ständig sehen konnten, ließen sie abgerichtete Tauben mit Nachrichten hin und her fliegen. Pagen brachten die Tiere wieder jeweils zurück. Als einst der Burgherr mit seinen Söhnen zu einem großen Turnier nach Kassel ritt, ließ er nur seine tapfere Tochter in der Burg zur Bewachung. Darauf hatte Lothar v. Eppe nur gewartet, der sich von einem Späher berichten ließ, daß die Nordenbecker weggeritten seien. Er wollte nun mit Gewalt die schöne Mechthild erringen. Als diese aber die herankommenden Reiter an den Eppeschen Farben erkannte, ahnte sie nichts Gutes. Sofort ließ sie die Zugbrücke hochziehen sowie die Tore schließen und sandte eine Taube zur Weidelsburg. Den Angreifern war es bald gelungen, ein Tor einzubrechen und die Brücke zu heben. Schon standen sie vor dem Turm, auf den Mechthild mit ihren Getreuen geflüchtet war. Doch dann nahte Reinhard, der die Botschaft erhalten hatte. Er vertrieb mit seinen Männern schnell die überraschten Eindringlinge und befreite seine Braut. Reinhard und Mechthild wurden bald ein glückliches Paar. Lothar v. Eppe aber fürchtete den Spott der anderen Ritter und ging in ein fernes Land.
(Kurzfassung aus: „Märchen aus Korbach und der Waldeckischen Heimat", Korbach 1977.)

Rundgang

Die Gutsanlage ist Privatbesitz. Eine Besichtigung ist nach Rücksprache mit dem Besitzer möglich.

Wegbeschreibung

Anfahrt auf der Landstraße von Korbach aus 4,5 km südwärts direkt nach Nordenbeck. Abbiegen nach rechts in Richtung Goldhausen.

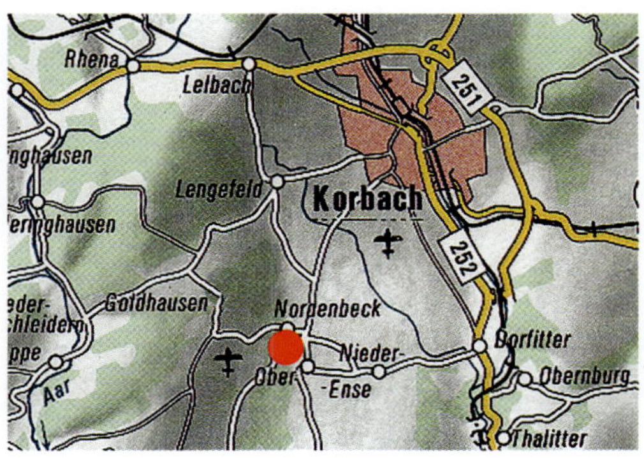

Schloß Waldeck

Als 1908 im Edertal mit dem Bau einer Sperrmauer für einen Stausee zur Wasserregulierung und Stromerzeugung begonnen wurde, ahnte wohl niemand, daß sich daraus ein vielbesuchtes Freizeitgebiet entwickeln würde. Mit dem zunehmenden Tourismus wurde auch das vorher recht abseits gelegene Schloß Waldeck zu einem besonderen Anziehungspunkt.
Hoch auf einer Bergkuppe zwischen Eder und Netze erbaut, bietet es vom See aus ein malerisches Bild. Eine gute Aussicht zeigt sich von oben in das Umland und hinunter auf den See.
Der alte Stammsitz der Grafen v. Waldeck hatte zunehmend seine Bedeutung verloren, besonders nach 1720, als von Fürst Friedrich Anton Ulrich v. Waldeck und Pyrmont die Residenz in das neue Schloß Arolsen verlegt worden war.
Die Geschichte des Schlosses beginnt damit, daß 1120 ein Bernardus des Waldekke als Ministeriale des Klosters Corvey urkundlich genannt wurde. Man nimmt an, daß diese Familie hier bereits am Ende des 11. Jh. eine erste Burg erbaut hat. Sie lag wahrscheinlich im Herrschaftsbereich der Grafen v. Ziegenhain und kam von diesen zwischen 1140 und 1180 an die Grafen v. Schwalenberg. Graf Wittekind III. v. Schwalenberg nannte sich erstmals 1180 auch Graf von Waldeck.
Aus der nördlich von der Burg durch einen natürlichen Sattel abgetrennten Burgmannensiedlung entstand später die Stadt Waldeck.
1369 übernahm Graf Heinrich VI., genannt „der Eiserne", die Regierung und verlegte seinen Wohnsitz von Landau auf die Burg Waldeck. Hier soll er 1378 den Kaiser Wenzel auf dessen Rückreise von der Kaiserkrönung zu Aachen bewirtet haben. Nach seinem Tod 1397 erfolgte eine Teilung des Landes. Graf Adolf III. bekam Landau und wurde damit Stifter der älteren Landauer Linie. Graf Heinrich VII. behielt Waldeck und begründete die jüngere Waldecker Linie, welche sich 1487 wiederum teilte. Die Burg Waldeck blieb aber in gemeinschaftlichem Besitz. Die Wildunger Linie bewohnte den Nordflügel, ließ diesen um 1500 abbrechen und durch einen schloßartigen Neubau ersetzen. Er dient heute renoviert und erweitert dem Hotelbetrieb.
Die Eisenberger Linie bewohnte den älteren Südflügel, der 1734 zum Teil als baufällig abgebrochen wurde. Am Anfang des 16. Jh. wurde begonnen, die Be-

Burgmuseum Waldeck

Interessantes aus dem mittelalterlichen Burgleben, Waffen und andere Gerätschaften zeigt das in der ehemaligen „Eisenbergischen Küche" aus dem 16. Jahrhundert eingerichtete Museum. Ein Modell veranschaulicht den Zustand der Burg um etwa 1600. Steile Treppen führen in tief liegende Kasematten mit Kerkern, von denen der unterste Teil „Hexenspund" genannt wird. In besonderen Ausstellungsräumen wird die wirtschaftliche Nutzung der Eder, die Goldwäscherei und der Bau der Staumauer, sowie deren Zerstörung 1943 mit den Folgen, dargestellt. Auch die waldeckische Geschichte wird behandelt.

Rundgang

Vom Parkplatz unterhalb der Burg führt der Weg an den hohen Felswänden und Stützmauern vorbei durch zwei Tore und ein mächtiges Torhaus. Vor diesem liegt links das Brunnenhaus mit einem 120 m tiefen Brunnen. Zwischen dem Bergfried an der Ostseite des Hofes und dem modernen Restaurant befindet sich der Eingang zum Burgmuseum. Dem Hotelbau an der Nordseite gegenüber liegt die große Aussichtsterrasse mit Blick auf den See. Von März bis Oktober finden Führungen durch das Museum und das Brunnenhaus statt.

Merianstich 17. Jh.

festigungen der Burg erheblich zu verstärken und zu erweitern. Es entstanden der große Torbau und die Kasematten mit den Bastionen an der Ostseite.
1598 fiel die ganze Grafschaft an die verbliebene Eisenberg Linie, die sich 1607 wieder teilte. Nun bewohnte die jüngere Wildunger-Linie bis etwa 1665 das Schloß Waldeck, welches danach seinen Rang als Residenz verlor. Es wurde nur noch als Gerichts- und Amtssitz sowie als Zeughaus genutzt. In dem wuchtigen Bergfried aus dem 13. Jh. richtete man das Familienarchiv ein.
Im 30jährigen Krieg besetzten erst kaiserliche und später 1634 schwedische Soldaten das noch festungsmäßig verstärkte Schloß. Schäden entstanden aber erst im 7jährigen Krieg, als Franzosen das Schloß eingenommen hatten und 1762 kapitulieren mußten. Danach richtete man hier oben verschiedene Fabrikationsbetriebe ein, und 1870/71 wurde das Schloß Kriegsgefangenenlager. Längere Zeit blieben anschließend die Gebäude ungenutzt, bis sie 1906 ein Hotelbetrieb übernahm. In neuerer Zeit entstanden an der Seeseite ein modernes Restaurant mit Terrasse und ein Hotelanbau hinter dem alten Wildunger Schloßgebäude.

Wegbeschreibung

Anfahrt über die B 485 nach Waldeck und durch die Schloßstraße hinunter zum Parkplatz oder auf kurviger Straße vom See hinauf nach Waldeck.

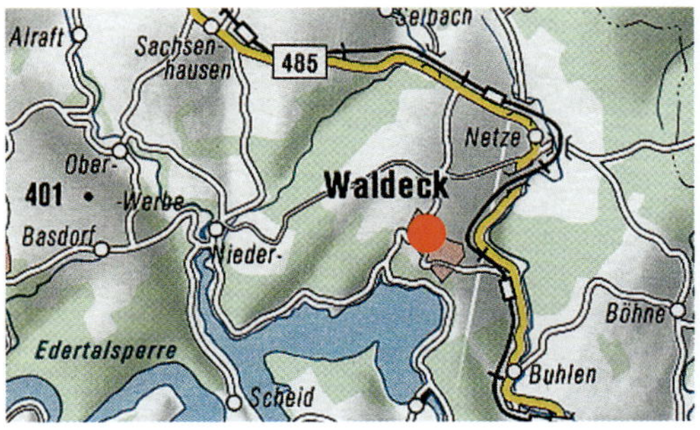

Schloß Biedenkopf

An der hessischen Nordwestgrenze liegt das „Hinterland“, welches heute zum Großkreis Marburg-Biedenkopf gehört. Es ist ein schmaler Landstreifen, der sich aus vielen Erwerbungen zusammengesetzt hat. Bis 1604 zählte es zu Oberhessen mit der Residenz Marburg, wurde dann geteilt und schließlich 1650 entgegen der historischen Entwicklung an Hessen-Darmstadt angeschlossen. Von Darmstadt aus gesehen war es, als hinter dem Bezirk Gießen liegend, somit das Hinterland. 1866 mußte das Gebiet als Kreis Biedenkopf an die preußische Provinz Hessen-Nassau abgetreten werden.
Hauptort und ehemalige Kreisstadt ist Biedenkopf. Vor den Ausläufern des Rothaargebirges liegt sie am Oberlauf der Lahn und über ihr steht auf einem nach Süden gerichteten Bergvorsprung die restaurierte Burg. Sie erstreckte sich ursprünglich lang über die ganze Höhe, doch verfiel der hintere Teil bereits im 15./16. Jh. Nur der vordere, der Stadt zugewandte Abschnitt wurde mehrfach wiederhergestellt. Neuere Untersuchungen haben ergeben, daß der Bergfried bereits um 1158 oder kurz nach 1175 an der Stelle einer früheren Befestigung erbaut wurde. Die Burg selbst errichteten die Thüringer Landgrafen um 1180 zur Sicherung der westlichen Landesgrenzen. Der 1196 urkundlich erwähnte Hartmuth de Biedencaph war vermutlich Burgmann der ersten Anlage und mit ihm erscheint erstmals der Name Biedenkopf. Der Ort wird dann erst 1232 urkundlich genannt. Um 1238 scheint die Burg vergrößert, aber schon am Ende des 13. Jh. aus nicht bekannten Gründen wieder zerstört worden zu sein.
Landgraf Otto von Hessen, der Sohn Heinrich I., begann 1293 (oder erst 1307) einen Wiederaufbau, allerdings nur im vorderen Drittel der Anlage. Hierüber schreibt die hessische Reimchronik: „Er buwete 1293 forne uff den Berg das Haus, das zuvor von alters her hinten gestanden war.“
1302 wurde Biedenkopf Sitz eines Amtes. Bald danach erhielt Ludwig von Hessen, Bischof von Münster, als zweiter Sohn Heinrich I. die Burg mit der Stadt zur Nutznießung als Abfindung. In der Folgezeit wurde beides teilweise oder auch gänzlich an Adlige des Umkreises verpfändet. 1360/65 ließ dann Landgraf Heinrich II. die Burg zur heutigen Form umbauen und wieder mit Burgmannen besetzen.

Rundgang Biedenkopf

Vom Parkplatz führt ein ansteigender Weg durch ein Tor in den Zwinger und weiter zum Burgeingang. Den oberen Teil des Zwingers nimmt die Gaststätte ein. Der Palas mit dem Museum steht an der Westseite des Burghofes. Im 19. Jh. erhielt der runde Bergfried neugotische Zinnen und wurde besteigbar eingerichtet. Der rückwärtige alte Burgteil ist nicht vom Burghof zugänglich.

Hatzfeld

Nördlich von Biedenkopf, jenseits der Sackpfeife am Oberlauf der Eder, stand einst oberhalb von Hatzfeld eine große Burg. Ihre Trümmer waren jedoch nahezu völlig unter Schutt und Erde verschwunden. Einer rührigen Arbeitsgruppe gelang es in letzter Zeit, Teile einer Schildmauer und Gebäudereste mit einer Zisterne freizulegen.
1213 trat mit Gottfried und Volpert v. Hatzfeld eine Adelsfamilie in Erscheinung, welche vermutlich im 13. Jh. die Burg erbaute. Diese wurde 1311 dem Landgrafen Otto v. Hessen zu Lehen aufgetragen und damit erstmals urkundlich genannt. Obwohl die Burg hessisches Lehen war, trug Guntram v. Hatzfeld sie 1333 auch dem Erzbistum Mainz zu Lehen auf, was zum Streit mit Hessen führte. Die Hatzfelder waren vielfach Bergmänner oder Amtsleute in mainzischen, nassauischen und hessischen Diensten. Einige Teile der Burg waren 1570 bereits verfallen, andere aber bis 1707 noch bewohnt. Hatzfeld gehörte bis 1932 zum Hinterlandkreis Biedenkopf und wurde dann dem Kreis Frankenberg angeschlossen.

Etwa ab 1455 begann der Neubau des Palas, der 1483 fertiggestellt war. Doch dann verlor die Burg ihren Zweck als Grenzbefestigung und wurde nur noch zu Jagdaufenthalten aufgesucht. Schon um 1520/25 begann der Verfall und 1604 war die Burg schon ruinös. Schäden entstanden noch im 30jährigen Krieg durch wechselnde Besetzung.

Als nach dem Westfälischen Frieden Biedenkopf an Hessen-Darmstadt gefallen war, ließ man einige Instandsetzungen vornehmen und den Palas als Fruchtspeicher herrichten. Eine grundlegende Erneuerung erfolgte dann erst 1843/47 durch Großherzog Ludwig II. v. Hessen-Darmstadt.

Neue Bedeutung erhielt das Schloß in diesem Jahrhundert durch den Hinterländer Geschichtsverein, der 1908 ein Heimatmuseum einrichtete und 1936/37 sowie ab 1961 mehrfach Ausgrabungen vornehmen ließ. 1937 erwarb der Landkreis Biedenkopf das Burgschloß vom preußischen Staat.

Als 1989 der Dachstuhl des Hauptgebäudes einzustürzen drohte, wurden umfangreiche Untersuchungen und Sanierungsmaßnahmen erforderlich. Hierfür mußte das Museum für mehrere Jahre ausgelagert werden. Seit 1993 ist das Schloß mit dem Museum nun wieder allgemein zugänglich. Gern besucht wird auch die seit 1955 eingerichtete Gaststätte auf dem Schloß.

Wegbeschreibung

Biedenkopf liegt an der B 62 und ist auch von der B 253 her zu erreichen.

Der Hexenturm am Schloß

Schloß Marburg

Seit 1989 war klar geworden, daß die frühe Geschichte des Marburger Schlosses neu geschrieben werden mußte. War man bisher der Ansicht gewesen, daß die erste Burg an dieser Stelle von den Thüringer Landgrafen als Erben der Gisonen um 1130 erbaut worden sei, so ergaben nunmehr archäologische Untersuchungen eine frühere Zeitbestimmung. Es bestand die Meinung, daß der fensterlose Unterbau des Schlosses unter dem Westsaal eine ummauerte Felskuppe, der „Gisonenfelsen" sei. Kernbohrungen brachten jetzt den Beweis, daß Mauerwerk unter dem Fußboden lag. Aufwendige Ausgrabungen folgten, bei denen der ca. 8m hohe Stumpf eines viereckigen Wohnturms aus dem 11. Jh., Reste von Umfassungsmauern und noch ältere Gründungen freigelegt wurden. Auch auf dem nahegelegenen Weißenstein waren durch Ausgrabungen Fundamente eines Wohnturmes aus gleicher Zeit gefunden worden.

Wann und von wem die erste Burg bei Marburg erbaut wurde, ist nicht bekannt. Sie kam wohl sehr früh in den Besitz der Gisonen, welche bereits im 11. Jh. erste Erweiterungen vornahmen und den Wohnturm erbauten. 1122 traten die Landgrafen von Thüringen die Nachfolge an. Sie erneuerten und vergrößerten um 1130 die Gisonenburg. Die mit Burgmannen besetzte Marburg wurde erstmals 1138/39 in Urkunden genannt. Sie war ein wichtiger Stützpunkt gegen die östlich im Amöneburger Becken gelegenen Besitzungen des Erzbistums Mainz. Nach der Gründung der Landgrafschaft Hessen unter der Herzogin Sophie v. Brabant wurde Marburg Residenz. Ab 1260 erfolgten nun dementsprechende Umbauten, die von ihrem Sohn, Landgraf Heinrich I., weitergeführt wurden. Neben dem 1285 umgebauten Südflügel entstand die schöne Kapelle, welche 1288 feierlich eingeweiht wurde. Am Anfang des 14. Jh. war auch der Nordflügel mit dem Saalbau vollendet. Nach dem Tod Landgraf Heinrichs I. 1308, blieb Marburg als zweite Residenz neben Kassel vorerst weiter bestehen. Nach der Erbteilung von 1458 unter den Söhnen Landgraf Ludwig I. wurde es dann Hauptresidenz von Oberhessen unter den Landgrafen Heinrich III. und Wilhelm III. Diese ließen in den Jahren 1470-96 wesentliche Veränderungen vornehmen. Es entstanden der Küchenbau und das Frauenhaus sowie unter Hofbaumeister H. J. von Ettlingen der Wilhelmsbau und der „Hexenturm", ein nach Westen gerichteter Batterieturm. Dieser wurde im 16. Jh. als Gefängnis umgebaut und in neuster Zeit als Hausmeisterwohnung eingerichtet. 1529 fand auf dem Marburger Schloß das bekannte, jedoch nicht sehr erfolgreiche Religionsgespräch zwischen Martin Luther und Ulrich Zwingli statt.

Bei der späteren Erbteilung unter den Söhnen Landgraf Philipp d. G. fiel Marburg an Ludwig IV., der dann hier bis zu seinem Tod 1604 residierte. Danach wurde das Schloß nur noch zeitweilig bewohnt. Im 17./18. Jh. erfolgte sogar noch ein festungsmäßiger Ausbau, besonders vor der Westfront. Nur wenig blieb davon übrig, da diese Anlagen bereits 1772, 1796 und 1806 geschleift wurden. Auch als Strafanstalt diente das große Schloß von 1815-69, bis ab 1870 das hessische Staatsarchiv darin untergebracht wurde. Besonders in den Innenräumen wurde hierfür einiges verändert. 1938 verlegte man das Archiv in einen Neubau in der Unterstadt. Nach mehrfachen Renovierungen dient jetzt das museal zugängliche Schloß oft verschiedenen Ausstellungen.

Rundgang

Vor der Westseite der Schloßanlage liegen erhalten gebliebene Teile der Festungsbauwerke. Vom ehem. Wachtparadeplatz mit den Marstallgebäuden ausgehend, steigt der Weg an, am Südflügel des Schlosses vorbei, zum Eingangstor. Vor dem Südflügel steht die Kapelle und ihr gegenüber der Küchenbau. Mit diesen ist der abgetrennt östlich errichtete Wilhelmsbau durch eine Galerie verbunden. An den Küchenbau schließt sich der Saalbau an und daran, quer liegend, das Frauenhaus westlich an der Hofseite. Hier sind Teile der ausgegrabenen alten Burg sichtbar erhalten geblieben. Den abseits stehenden Hexenturm erreicht man hinter dem Schloß an der Nordostseite.

Das Marburger Religionsgespräch

Im Sommer 1524 hatte sich Landgraf Philipp d. G. an die Lehre Martin Luthers angeschlossen. Nach der „Homberger Synode", einer Sondertagung der Landstände, fand die Reformation Eingang in ganz Hessen. Zwischen den führenden Theologen gab es jedoch unterschiedliche Meinungen und Auslegungen. Daher lud der Landgraf die Hauptgegner zum 2. Oktober 1529 zu einem klärenden Gespräch auf das Marburger Schloß ein. Das im Staatsarchiv aufbewahrte offizielle Protokoll nennt die Namen der Teilnehmer: Die Wittenberger Luther, Melanchthon und Jonas, Zwingli aus Zürich, Osiander aus Nürnberg, die Straßburger Bucer und Hedio, Brenz aus Schwaben, Agricola aus Eisleben und Oecolampad.

Manche Streitpunkte konnten in dem 3 Tage andauernden Gespräch geklärt werden, wie Priesterehe, Kindtaufe und Beichte. Nur in der Auslegung der Abendmahlfrage gab es keine Einigung.

Hollende - die Burg der Gisonen

Versteckt im Wald zwischen Marburg und Biedenkopf liegen bei dem Dorf Warzenbach auf einem Bergkegel die geringen Reste einer frühen Burg. Nur wenige Grundmauern blieben von einem qaudratischen Wohnturm erhalten, der mit einem ovalen Wallgraben umgeben war.

Wer waren die Gisonen? Bereits im Jahre 1008 wurde ein Graf Giso im Lahngau erwähnt und es ist möglich, daß von diesem Geschlecht die Burg bereits im 10. Jahrhundert erbaut worden war. Sie lag an der alten Weinstraße und war vermutlich Reichslehen. Die Gisonen waren Gefolgsleute König Heinrich IV. Dessen heftigster Gegner war Graf Otto v. Northeim als Anführer des Sachsenaufstandes gegen den König. In diesen Kämpfen zog Graf Otto auch gegen die Burg Hollende, wobei Graf Giso und Graf Adalbert v. Schauenburg mit dessen vier Söhnen erschlagen wurden. So schildert es Lampert von Hersfeld in seiner alten Chronik aus dem 11. Jahrhundert. Gisos Witwe heiratete wieder und zog mit ihrem Sohn Giso an die Ahr.

Gegen Ende des 11. Jahrhunderts kehrte Graf Giso II. an seinen Stammsitz zurück, um das väterliche Erbe anzutreten. Er nahm jedoch seinen Wohnsitz auf der Obernburg bei Gudensberg und trug 1118 Hollende dem Erzbistum Mainz zu Lehen auf. Diese erneuerte Burg fiel dadurch nach seinem Tod 1122 als erledigtes Lehen an das Erzbistum.

Gisos einzige Tochter Hedwig heiratete den Grafen Ludwig III. von Thüringen, wodurch später der hessische Gisonenbesitz als Erbschaft an Thüringen fiel. Die Burg Hollende blieb jedoch mainzisch und man vermutet, daß sie 1247 in den Kämpfen mit dem Erzbistum durch die Herzogin Sophie v. Brabant zerstört wurde und seitdem Ruine blieb.

Wegbeschreibung

Die Zufahrt zum Schloß ist ausgeschildert.

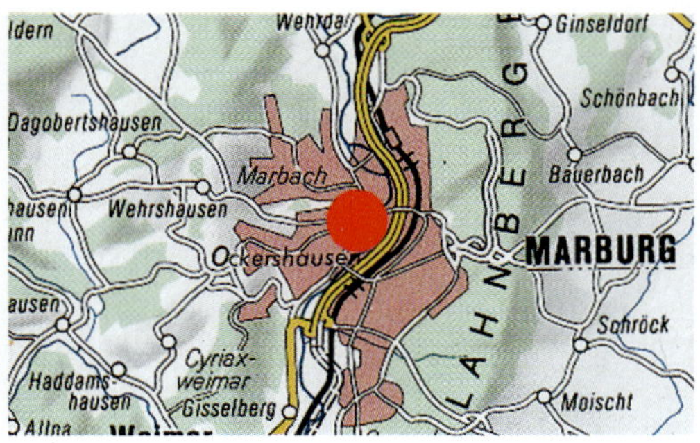

Burg Mellnau

Abseits von der im Tal der Wetschaft entlang führenden alten Straße liegt am Rande des Burgwaldes auf der Höhe das Dorf Mellnau. Auf kurviger Strecke erreicht man das Oberdorf, welches von dem runden Bergfried der Burgruine überragt wird. Erst vor wenigen Jahrzehnten wurde dieser im oberen Teil erneuert und zum Besteigen eingerichtet. Leider muß er wegen häufiger Beschädigungen zumeist geschlossen bleiben. Nicht allzuviel blieb von dieser einst bedeutenden Burg erhalten. Ein großer Teil wurde zur Materialgewinnung abgebrochen. Der tiefe Umfassungsgraben verfiel im Laufe der Zeit.

1263 wurde die Burg „Elenhouch" erstmals in Urkunden erwähnt. Die Herkunft des Namens ist nicht restlos geklärt. Später erschien auch der Name Ellenhoch, aber erst um 1500 wurde die Ansiedlung mit der Burg „Mellnau" genannt.

Rundgang

Vom oberen Ortsteil von Mellnau führt ein kurzer Weg an der äußeren Burgmauer entlang zum südlichen Eingangstor. Vollständig erhalten blieben die Ringmauer und der runde Bergfried. Die früheren Gebäude mit Kellern wurden bis auf wenige Reste abgetragen.

In den Auseinandersetzungen mit dem Erzbistum Mainz um die Selbständigkeit des Landes Hessen ließ Herzogin Sophie v. Brabant mehrere mainzische Burgen zerstören. Auch die in der Nähe liegende Burg Hollende wurde dabei vernichtet. Sie war der alte Sitz des Vogtes über das Kloster Wetter. Zum erneuten Schutz dieses Klosters ließ nun das Erzbistum um 1250 die Burg Mellnau erbauen. Sie sollte außerdem den Verbindungsweg zwischen den landgräflichen Burgstädten Marburg und Frankenberg kontrollieren und auch sperren können. Mit dem

Friedensschluß zu Langsdorf am Vogelsberg wurden 1263 die schweren Kämpfe zwischen Mainz und Hessen vorerst beendet. Der Friedensvertrag sprach den beiden Parteien die Stadt Wetter mit der Vogtei über das Stift je zu Hälfte zu. Die Burg Mellnau blieb jedoch im Alleinbesitz des Erzbistums. Sie wurde Sitz eines Mainzer Amtmannes und mit Burgmannen besetzt. 1265 nannte sich der Ritter Mengoz Knibo nach der Burg v. Elenhoc. Später werden verschiedene Angehörige der alten Adelsfamilien v. Hatzfeld und v. Hohenfels als Burgmänner erwähnt. Sie wohnten in Burgsitzen, das heißt in Wohnhäusern, in der Nähe der Burg. Auf dieser wohnte nur der Amtmann des Erzbischofs. Allmählich entstand aus diesen Wohnhäusern am Osthang vor der Burg das Dorf Mellnau.

Am Anfang des 14. Jh. entbrannte der sogenannte Rheinische Zollkrieg zwischen König Albrecht und den drei Kurfürsten von Mainz, Köln und Trier. Dabei wurde auch die mainzische Burg Mellnau von dem Reichsvogt der Wetterau, Graf Ulrich v. Hanau, belagert und teilweise zerstört. Das war der zweite Angriff auf diese Burg. Mehrfach wurde sie in der Folgezeit verpfändet und auch die Amtmänner wechselten häufig.

Um 1372 schlossen sich viele Ritter im Sternerbund gegen Landgraf Hermann v. Hessen zusammen und auch die Ritter v. Hatzfeld und Mellnau stellten sich gegen ihn. Sie trugen als Bundeszeichen den Wappenstern ihres Anführers, des Grafen Gottfried v. Ziegenhain. So kam es, daß 1381 der Landgraf die Burg Mellnau wegen verschiedener Übergriffe der Besatzung belagerte, aber doch nicht einnehmen konnte. Guntram v. Hatzfeld hatte sich mit seinen Mannen bereits auf den Turm geflüchtet, als in letzter Not Hilfe von den Burgen Löwenstein und Hatzfeld kam.

In der Mitte des 15. Jh. kam es dann zu der Mainzer Stiftsfehde, in welcher Graf Diether v. Isenburg und Graf Adolf v. Nassau Krieg gegeneinander um das Amt des Erzbischofs von Mainz führten. Beide Gegner versprachen ihren Helfern größere Besitzanteile. Dadurch fiel 1464 unter anderem die mainzische Hälfte von Wetter mit der Burg Mellnau an Landgraf Heinrich III. v. Hessen-Marburg. Zunehmend verlor die Burg ihre Bedeutung, zumal sie nicht mehr mit Amtleuten besetzt wurde. 1510 war sie noch bewohnt, wurde dann aber 1547 nach dem verlorenen Schmalkaldischen Krieg gemäß den Friedensbedingungen abgebrochen. Freilegungen und Sicherungsarbeiten erfolgten erst ab 1957 durch engagierte Bürger von Mellnau.

Grabstein der Klöstergründerinnen Almudis und Digmudis

Das Stift Wetter

Schon um 850 wurde der Ort Wetrehen, die spätere Stadt Wetter, als Hauptort einer Mark genannt. 1107 erscheint in Urkunden ein Kanonissenstift, welcher nach der Überlieferung zur Zeit Kaiser Heinrichs II. um 1015 von zwei schottischen Königstöchtern gegründet worden sei. Auf einem Gedenkstein in der Stadtkirche nennt eine Inschrift aus dem 13. Jh. die Namen Almudis und Digmudis. Das ursprünglich reichsunmittelbare Stift kam 1120 unter die Oberherrschaft des Erzbistums Mainz. Stiftsvögte waren jedoch die Landgrafen von Thüringen. Im Verlauf der Mainzer Stiftsfehde von 1462-64 fiel Wetter an Hessen. Das Kloster wurde zur Reformationszeit 1527 aufgehoben und zusammen mit dem Stift Kaufungen der hessischen Ritterschaft übergeben. Es bestand weiter als adliges Stift zur Ausstattung der unverheirateten Töchter hessischer Adelsfamilien.
1629 und 1649 vernichteten Großbrände die Gebäude der Stadt und des Klosters. Nur die gotische Klosterkirche aus dem 13. Jh., seit 1528 Stadtkirche, blieb erhalten.
Zu dem Stift gehörte eine 1323 erwähnte Schule, aus welcher zahlreiche namhafte Gelehrte hervorgingen.

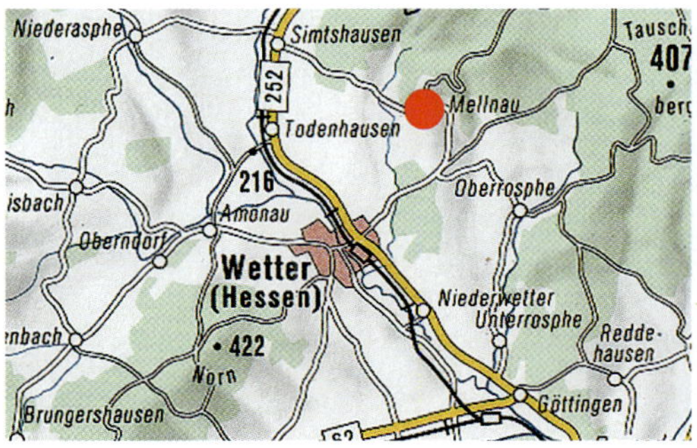

Wegbeschreibung

Anfahrt auf der B 252 und Abbiegung bei Wetter oder bei Simtshausen (Ortsteil von Münchhausen) nach Mellnau (Stadtteil von Wetter).

Burg Schweinsberg

Fährt man von Homberg an der Efze auf Kirchhain zu, so fallen bald zwei Bergkegel mit Häusergruppen ins Auge. Nur wenige Kilometer voneinander entfernt liegen Schweinsberg und Amöneburg, landgräflich hessisch einst das erstere und mainzisch das andere. Schon 1120 kam Amöneburg aus Reichsbesitz an das Erzbistum Mainz und den Landgrafen war sehr daran gelegen, den gegenüberliegenden Berg als Gegengewicht unter ihre Obhut zu bekommen, was aber erst im 15. Jh. gelang.

Auch der Schweinsberg gehörte vermutlich ursprünglich zum Reichsgut um Amöneburg, in welchem die Herren v. Merlau Reichsvögte waren. Am Ende des 12. Jh. heiratete der landgräflich thüringische Burgmann Guntram v. Marburg die Schwester des Eberhard v. Merlau und kam wahrscheinlich dadurch in den Besitz des Berges. Vielleicht an der Stelle einer älteren Besiedelung oder einer frühen Befestigung erbaute er hier um 1231-34 eine Burg. Er nannte sich nunmehr nach dieser Burg v. Schweinsberg und wurde der Stammvater einer später weit verzweigten Familie. Sie zählte zum höheren Adel und stand in besonderem Ansehen.

Bereits 1239 übertrug Landgraf Hermann II. v. Thüringen und Graf von Hessen dem Guntram v. Schweinsberg das Erbschenkenamt. Seit der Zeit nennt sich die Familie „Schenck zu Schweinsberg". Den Freiherrentitel führen sie seit 1875.

Schon im 13. Jh. begann unterhalb der Burg eine Siedlung zu entstehen, welche 1332 Stadtrechte erhielt. Zu einer besonderen Stadtentwicklung kam es jedoch nicht. Seit 1974 ist Schweinsberg ein Ortsteil von Stadtallendorf.

Wahrscheinlich im Zusammenhang mit dem Bau einer Stadtbefestigung erfolgte im 14./15. Jh. eine Vergrößerung und Verstärkung der Burg. Es entstanden eine innere Zwingermauer sowie mehrere Wohn- und Wirtschaftsgebäude im Burgbereich. Die Schenken hatten ihren Besitz lehensfrei als Eigentum (Allod) und besaßen sogar die hohe und die niedere Gerichtsbarkeit. Lange Zeit konnten sie diesen Besitz durch eine geschickte Wechselpolitik gegenüber Mainz und Hessen behaupten. Sie bekleideten vielfach wichtige Ämter, stellten mehrere Fürstbischöfe zu Fulda und Minister in Hessen.

Der hessische Marschall Johann Schenck zu Schweinsberg

Als Landgraf Heinrich III v. Hessen-Marburg 1483 starb, war sein Sohn Wilhelm II. erst 12 Jahre alt. In seinem Testament hatte der Landgraf zum Vormund seinen Bruder Hermann, den Erzbischof von Köln, bestimmt. Außerdem hatte er seine vier treusten Gefolgsmänner genannt, den Hofmeister Hans v. Dörnberg, den Hofmarschall Johann Schenck zu Schweinsberg, den Hofrat Volpert Schenck zu Schweinsberg und den Kanzler Johann Stein. Da Erzbischof Hermann durch sein Amt an Köln gebunden war, bestimmte er die vier Genannten zu Statthaltern in Hessen.

Johann Schenck zu Schweinsberg d. J., geboren vermutlich um 1440, war 1460 Burgmann auf der Reichsburg Friedberg und dann 1467 Amtmann zu Kirchhain. 1473 wurde er hessischer Marschall und behielt dieses Amt bis 1499. In mehreren Kriegszügen hatte er sich besondere Verdienste erworben. Mit dem Hofmeister Hans v. Dörnberg war er eng befreundet und nach diesem der wichtigste Ratgeber der Landgrafen. 1481 kaufte er die Burg Hermannstein bei Wetzlar und zog sich dorthin zurück. Damit wurde er Stammvater der Hermannsteiner Linie der Schenck zu Schweinsberg. Ab 1500 führte er nur noch den Titel des Landvogts an der Lahn und starb 1506. Sein Grablege ist unbekannt.

Rundgang

Durch den Torbau der kleinen Vorburg gelangt man vor das Haupttor. Neben diesem steht der „Fähnrichsbau“ von 1552, das frühere Wachgebäude. Vollständig erhalten blieb die äußere Zwingermauer mit dem gedrungenen Rundturm von 1482. Im Bereich der inneren Zwingermauer steht die „Neue Kemenate“. Sie wurde um 1459 erbaut, brannte 1635 aus. 1637 wurde sie erneuert, dann 1852 zum Teil neugotisch restauriert und erhielt in dieser Zeit noch einen neuen Anbau. Die eigentliche Kernburg und die übrigen Wohngebäude blieben ruinöse Burgstätten.

Im Jahre 1400 schlossen 15 Ritter aus drei Familienzweigen der Schenck zu Schweinsberg einen Burgfrieden zur Regelung des gemeinsamen Wohnens auf der Burg. In späteren Burgfrieden wurde erneut festgelegt, daß alle Familienmitglieder ihre Häuser nur auf der Burg und nicht im Tal erbauen dürften. Das Streben nach größtmöglicher Sicherheit war wohl der Grund für diese Bestimmung. Erst am Ende des 17. Jh. entstanden ihre Häuser und Höfe außerhalb der Burg.

Vermutlich unter dem Eindruck der sich anbahnenden Verbindung zwischen Graf Johann II. v. Ziegenhain mit Landgraf Ludwig I. v. Hessen trugen die Schweinsberger letzterem im 15. Jh. ihre Burg zu Lehen auf. Hessen erhielt damit die Oberhoheit.

Um 1482 wurde die Burg nach Plänen des landgräflichen Hofbaumeisters H. J. von Ettlingen erheblich verstärkt. Landgraf Heinrich III. v. Hessen-Marburg förderte diesen gegen das mainzische Amöneburg gerichteten Ausbau. Es entstanden die schwere äußere Zwingermauer mit 4 Halbrundtürmen und der mächtige Rundturm als Bollwerk, der sogenannte Hexenturm. Mit den mittelalterlichen Hexenprozessen hatte er aber nichts zu tun.

Das folgende 16. Jh. verlief hier anscheinend ohne besondere Ereignisse, doch dann brach 1618 der 30jährige Krieg aus. 1635 belagerten kaiserliche Truppen unter dem Generalwachtmeister v. Bönningshausen die von 80 hessischen Soldaten besetzte Burg. Da diese eine Übergabe verweigerten, wurde die Stadt Schweinsberg niedergebrannt. Auch die Burggebäude erlitten erhebliche Schäden. 1646 war die Burg von Kaiserlichen besetzt und in diesem Jahr zerstörte eine gewaltige Explosion aus Unvorsichtigkeit die gesamte alte Kernburg mit dem Bergfried. Sie wurde nicht wieder aufgebaut und die Trümmer trug man ab. Noch heute ist die Burg Schweinsberg teilweise bewohnt und im Besitz der Familienzweige der Schenck zu Schweinsberg.

Ruine Hermannstein bei Wetzlar

Wegbeschreibung

Schweinsberg liegt an der Straße Homberg/Efze - Kirchhain. Abbiegen von der Umgehungsstraße in den alten Ortskern. Die Burg ist nicht öffentlich zugänglich.

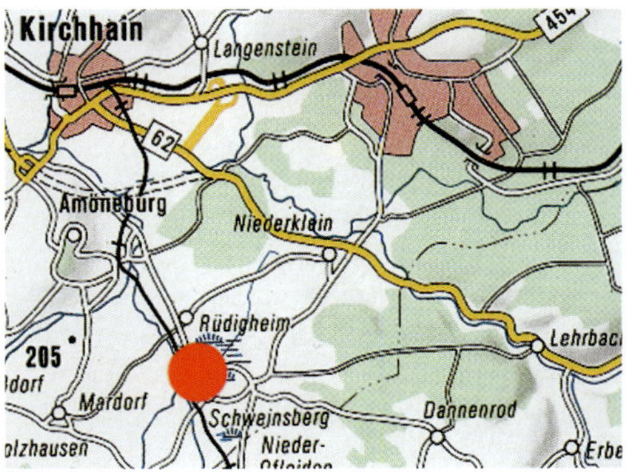

Burg Herzberg

Unweit südlich des 592 m hohen Rimbergs zwischen Bad Hersfeld und Alsfeld liegt in beherrschender Lage auf einem gestreckten Basaltgipfel die mächtige Ruine der Burg Herzberg. Wesentliche Bauteile einer mittelalterlichen Burg wird man hier allerdings vergeblich suchen. Nur wenige Keller und Fundamente blieben von den 1637 niedergebrannten Gebäuden erhalten.
Da die alten Mauern und Befestigungen der weit fortgeschrittenen Feuerwaffenentwicklung nicht mehr standhalten konnten, wurde der Herzberg bereits am Ende des 15. Jh. zu einer der modernsten Festungen dieser Zeit mit Geschütztürmen ausgebaut.
Hoch über der alten Handelsstraße „durch die kurzen Hessen" erbaute im 13. Jh. der hessische Marschall Heinrich v. Romrod eine Burg. 1298 übergab er mit seiner Frau Mechthild sein „Hus Hirzberg" an Landgraf Heinrich I. v. Hessen und erhielt es mit Öffnungsrecht als Lehen zurück. Später kam die Burg durch Heirat an die Falkenberger, jedoch ohne die Zustimmung des Landgrafen. Deshalb und wegen ihrer Zugehörigkeit zum Sternerbund belagerte sie Landgraf Hermann um 1370. Da jedoch ein Einsatzheer befreundeter Ritter nahte, konnte er die Burg nicht einnehmen. Als sich aber Kunzmann v. Falkenberg im Jahre 1400 an der Ermordung des Herzog Friedrich v. Braunschweig beteiligte, verlor er an Ansehen und mußte den Herzberg verlassen. Der Besitz fiel als erledigtes Lehen an den Landgrafen zurück.
Bei der Landesteilung 1460 nach dem Tod Landgraf Ludwig I. kam der Herzberg an Landgraf Heinrich III. von Oberhessen. Dieser war seinem Hofmeister Hans v. Dörnberg erhebliche Gelder schuldig und übergab ihm daher 1477 den Herzberg mit dem halben Gericht Breitenbach zu Lehen. Die andere Hälfte besaß dieser bereits als mainzisches Lehen, so daß er das Gericht vereinen konnte. 1483 starb Landgraf Heinrich III. auf der Burg Blankenstein und da sein Sohn Wilhelm III. erst 12 Jahre alt war, übernahm Heinrichs Bruder Hermann, der Erzbischof von Köln, die Vormundschaft. Die Regierungsgeschäfte lagen in der Hand von vier Statthaltern, unter ihnen der Hofmeister Hans v. Dörnberg.

Der Hofmeister Hans v. Dörnberg

Am Ostrand des Meißner liegt das kleine Dorf Frankershausen mit den spärlichen Resten einer Burg. Hier wurde 1427 Hans v. Dörnberg geboren. Sein Vater war 1416 der erste Amtmann auf der neu erbauten Burg Ludwigstein gewesen. Johannes, später nur noch Hans genannt, trat anfänglich in hessischen Dienst und war später bis 1450 Amtmann in Ziegenhain. Nach dem Tod des letzten Ziegenhainers und dem Anschluß der Grafschaft an Hessen, kam er wieder in hessischen Dienst. Hans v. Dörnberg war ein treuer Gefolgsmann der Landgrafen, der geschickt als Hofmeister die Politik des Landes zu lenken wußte. Er verstand es aber auch, seine Vorteile wahrzunehmen, so daß er nicht nur Freunde, sondern auch Gegner hatte. Um 1470 soll Landgraf Ludwig II. von Niederhessen über seinen Bruder Heinrich III. von Oberhessen gesagt haben: „Wir sind nicht weise genug, um zu wissen, ob Hans v. Dörnberg Landgraf an der Lahn sei, oder der Bruder Heinrich."
Da man nach 1500 Hans v. Dörnberg Unregelmäßigkeiten nachzuweisen suchte, entband ihn Landgraf Wilhelm II. v. Hessen von den Regierungsgeschäften. Er zog sich verbittert nach Friedberg zurück, starb dort 1506 und wurde in der Elisabethkirche zu Marburg beigesetzt. Dort erinnert eine große Grabtafel an ihn.

Junker Hansen Turm in Neustadt

Bereits um 1480 hatte dieser mit der Erneuerung der Burg begonnen, da sie nicht mehr dem Stand der Kriegstechnik entsprach. Diesen Neubau führte ab 1485 der landgräfliche Festungsbaumeister Hans Jakob von Ettlingen planmäßig weiter. Zuerst entstanden die vier starken runden Ecktürme mit Querscharten, dann die Mauern als Schutz und zuletzt bis 1492 die neuen Wohn- und Wirtschaftsgebäude. 1497 war auch die Vorburg fertiggestellt, welche bogenförmig vorgelagert ist. Im 30jährigen Krieg war die Festung mit hessischen Truppen besetzt, wurde mehrfach belagert, aber nie eingenommen. 1637 löste ein Blitzschlag einen Großbrand aus, dem die alten Gebäude in der Mitte der Anlage zum Opfer fielen. Sie wurden nicht wieder erneuert.

Der Herzberg wurde als hessische Landesfestung betrachtet, verfiel jedoch nach dem 7jährigen Krieg, da er bedeutungslos geworden war. Um 1780 war die nie durch Kriegshandlungen zerstörte Festung schon ruinös. Teile verkaufte man auf Abbruch, aber bereits im 19. Jh. erfolgten wieder einige Instandsetzungen.

Besonders bemerkenswert ist der hier nicht abgebildete runde östliche Eckturm mit dem Fachwerkobergeschoß, der noch heute zeitweilig bewohnt wird. Er trägt deutlich die Handschrift des Hans Jakob von Ettlingen und ähnelt sehr dem „Junker Hansen Turm" in Neustadt, Krs. Marburg. Ettlingen erbaute ihn 1489 im Auftrag des Hofmeisters Hans v. Dörnberg, welcher zu der Zeit im Besitz von Neustadt war.

Die Burg Herzberg ist noch heute im Besitz der Herren v. Dörnberg, die um die Erhaltung der Ruine bemüht sind.

Rundgang

Über eine ehemalige Spitzbastion und eine Steinbrücke erreicht man die Vorburg. Links neben dem Tor steht der Kommandantenturm. In den dahinter liegenden Wirtschaftsgebäuden befindet sich eine Gaststätte, welche die Besucher zum Verweilen einlädt. Die Hochburg bildet ein unregelmäßiges Trapez mit vier Ecktürmen. Diese besitzen jeweils zwei übereinanderliegende Schießkammern. Der östliche Eckturm wurde bewohnbar erneuert. Ein Tor führt zum oberen Innenhof mit Bauresten der alten Burg. Die Kapelle aus dem 14. Jh. wurde im 16./17. Jh. vollständig umgebaut.

Wegbeschreibung

Anfahrt auf der B 62 und abbiegen in der Nähe von Gehau am Hof Huhnstadt hinauf zum Parkplatz vor der Burg.

Das steinerne Haus

Museum der Schwalm

1336 erbaute der Ziegenhainer Burgmann Werner II. v. Falkenberg vor der Burg das „steinerne Haus“. Später mehrfach umgebaut und erweitert, diente es von 1543 - 1832 dem Festungskommandanten als Wohnung. 1938 wurde dann das Heimatmuseum der Schwalm darin eingerichtet. Schwälmer Keramik sowie Trachten und ihre Herstellung sind in interessanten Sammlungen zu sehen. Bäuerliche und städtische Wohnstuben vermitteln den Eindruck von der Häuslichkeit des 18. und 19. Jahrhunderts.
Modelle und Fundstücke zeigen die Entwicklung der Festung und der Stadt. Sehenswert sind Gemälde und Grafiken der Willingshäuser Künstler, wie Carl Bantzer, Ludwig Emil Grimm u.a.

Schloß Ziegenhain

Am Westrand des Knüllgebirges liegt Ziegenhain im weiten Tal der Schwalm und heißt heute, vereint mit Treysa, Schwalmstadt.
Einst war es der Hauptort der Grafschaft Ziegenhain im Spannungsgebiet zwischen Ober- und Niederhessen sowie dem Streubesitz des Erzbistums Mainz.
Wahrscheinlich wurde hier bereits um 900 eine Burg auf einer flachen Erhebung an der Schwalm zur Sicherung eines Flußüberganges errichtet. An diesem kreuzten sich zwei alte Handelsstraßen, von denen man später eine „Durch die langen Hessen“ nannte. Die Burg kam an die aus dem Hause Reichenbach stammenden Grafen v. Ziegenhain, welche sie verstärkt ausbauten. 1144 nannte sich Graf Gottfried als erster nach dieser Burg „de Cigenhagen“. Eine der Burg vorgelagerte Siedlung wird bereits 1274 als Stadt bezeichnet.
Die Grafen v. Ziegenhain wurden Vögte der Abtei Fulda und es gelang ihnen bald, eine geschlossene Herrschaft auszubauen. Durch ihre Lage zwischen den Machtblöcken, standen sie in wechselndem Verhältnis zu den Landgrafen von Hessen und den Erzbischöfen von Mainz. So war Gottfried VII. v. Ziegenhain der Anführer des 1371/72 gegen Landgraf Hermann v. Hessen gerichteten Sternerbundes. Dessen Zeichen war der sechsstrahlige Stern des Ziegenhainer Wappens.
Nach einer Zeit der Neutralität erfolgte eine Anlehnung an das erstarkte Hessen, so daß schließlich Graf Johann II. die gesamte Grafschaft 1437 dem Landgrafen Ludwig I. v. Hessen zu Lehen auftrug. Nach seinem Tod fiel sie 1450 endgültig an Hessen und schloß die Lücke zwischen Ober- und Niederhessen.
Nach dem Ende des hessischen Bruderkrieges in der Mitte des 15. Jh. entstand an vielen Orten eine rege Bautätigkeit. Auch in Ziegenhain erneuerte man die alten Burggebäude schloßartig. Eine festungsmäßige Verstärkung durch um-

Heinz von Lüder

Als die protestantischen Fürsten den Schmalkaldischen Krieg gegen Kaiser Karl V. verloren, geriet Landgraf Philipp d. G. v. Hessen 1547 in Gefangenschaft. Sein alter Gegner, der kaiserliche Feldmarschall Graf Reinhard zu Solms-Lich, erhielt den Auftrag, die Kapitulation zu überwachen. An die Übergabe der hessischen Festungen knüpft sich die schöne Erzählung über den standhaften Hauptmann Heinz v. Lüder.

„Nach der Zerstörung der Festung Kassel erschien der kaiserliche Gesandte vor Ziegenhain und verlangte, daß man ihn einlassen solle. Heinz v. Lüder weigerte sich aber, die Festung zu übergeben. Sein Herr habe ihm die Feste als freier Reichsfürst übergeben und nur diesem werde er sie wiedergeben, antwortete er. So blieb die Festung erhalten. Der Kaiser aber verlangte, daß Heinz v. Lüder am Tor der Festung in Ketten aufgehängt werden solle. Als aber der Landgraf Philipp d. G. nach fünfjähriger Haft frei kam, legte er dem Tapferen stattdessen eine goldene Kette unter den Armen um die Brust ließ ihn daran etwas hochziehen und schenkte sie ihm zur Belohnung."

Verbürgt ist allerdings nur, daß Heinz v. Lüder dem Grafen zu Solms lediglich den Zugang mit 10 Pferden zur Kontrolle der Geschütze gestattete und ihn später in Treysa bewirtete. Ziegenhain war von der Zerstörung der Festungen ausgenommen worden.

fangreiche Wallgräben erfolgte um 1482/92 nach Plänen des Baumeisters Hans Jakob von Ettlingen, der auch zeitweilig die Aufsicht führte.

Später, von 1537 bis 1543, ließ Landgraf Philipp d. G. die Festung Ziegenhain nochmals verstärken, die dann als uneinnehmbar galt. „Fest wie Ziegenhain" wurde ein Schlagwort. Die Befestigungen bilden ein unregelmäßiges Viereck um das Schloß und die Altstadt mit vier runden Bollwerken an den Ecken. Der etwa 40 m breite Wallgraben war damals 8 m tief. Vier Spitzbastionen waren einst den Seiten vorgelagert. Ein weiterer Graben, Schargraben genannt, führte außen um die Anlage.

Während nach dem verlorenen Schmalkaldischen Krieg 1584 auf Befehl Kaiser Karl V. die hessischen Festungen Gießen, Kassel und Rüsselsheim geschleift wurden, blieb Ziegenhain erhalten. Lediglich einige Geschütze mußten ausgeliefert werden. Daran knüpft sich die sagenhafte Erzählung über die standhafte Verteidigung der Festung durch den Hauptmann Heinz v. Lüder.

Den 30jährigen Krieg überstand die Festung unbeschädigt und wurde danach weiter in verteidigungsfähigem Zustand erhalten. Aber bereits 1805 war man der Ansicht, daß sie einem Angriff mit neueren Waffen nicht mehr standhalten könne. So übergab man 1806 die Festung kampflos den Franzosen. Auf Befehl Napoleons I. wurde sie 1807 geschleift, d.h. man sprengte den größten Teil der Kasematten. Große Teile der Gräben und Wälle blieben bis heute erhalten.

1842 wurde im Schloß ein Zwangsarbeiterhaus als größte Strafanstalt Kurhessens eingerichtet. Unter preußischer Verwaltung entstand dann durch erhebliche sicherheitstechnische Umbauten ein Zuchthaus für besondere Strafgefangene. Die Gebäude dienen heute der hessischen Sicherungsverwahranstalt.

Rundgang

Eine Besichtigung der Justizvollzugsanstalt mit den Schloßgebäuden und Burgresten ist nicht möglich. Lohnenswert ist ein Rundgang auf den erhaltenen Wällen an den Gräben entlang.

Wegbeschreibung

Anfahrt auf der B 254 oder B 454 über Treysa.

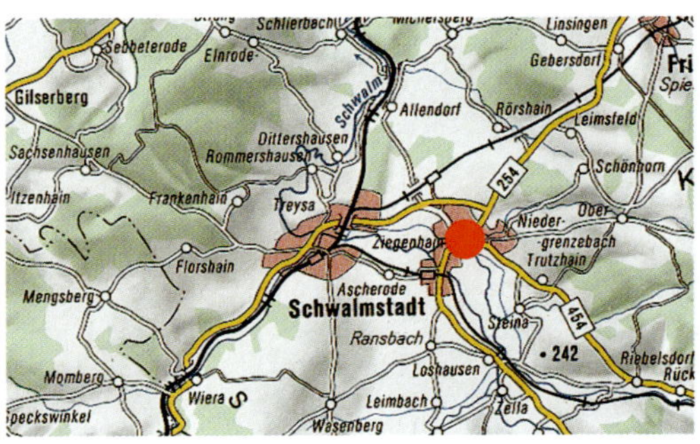

Schloß Romrod

Wenige Kilometer westlich von Alsfeld liegt in dem weiten Tal der Antrifft die kleine Stadt Romrod. Hier führte einst die wichtige Handelsstraße von Frankfurt nach Leipzig vorbei, welche man die „kurze Hessen“ nannte. Ein stattliches Schloß in der Ortsmitte ist Zeugnis der Bedeutung, welche die heute eher unscheinbare Stadt einst hatte. Es entstand aus einer frühen Wasserburg, die zum Schutz der alten Straße erbaut wurde und wahrscheinlich schon im 12. Jh. bestanden hat.

Bereits 1197 erscheint Ludwig v. Romrod in einer Urkunde des Abtes Hein- rich III. von Fulda und es ist anzunehmen, daß er die Burg erbaute. Die v. Romrod waren Gefolgsleute der Landgrafen von Thüringen, standen aber auch mit der Abtei Fulda in guter Verbindung. Vermutlich am Anfang des 13. Jh. teilte sich die Familie in zwei Linien. Heinrich v. Romrod erbaute 1298 die weiter östlich gelegene Burg Herzberg und gab sie Landgraf Heinrich I. v. Hessen zu Lehen. Dieser Zweig nannte sich nun v. Herzberg.

Am Ende des 14. Jh. starb ein Ludwig v. Romrod ohne leibliche Erben und daher verkaufte seine Schwester dessen Besitz an den Landgrafen Heinrich II. v. Hessen und seinen Sohn und Mitregenten Otto den Schütz. Auch die Burg Romrod gehörte zum Teil dazu. Um 1400 war diese dann gänzlich im Besitz der Landgrafen, welche Burgmänner einsetzten. Als solche erscheinen in Urkunden die v. Gilsa, v. Boineburg u.a.

Romrod wurde Sitz eines Amtes und erhielt vermutlich durch Landgraf Philipp d. G. Stadtrechte, denn das älteste Stadtsiegel trägt die Jahreszahl 1553. Wegen des Wildreichtums der Umgegend hielt er sich bei seinen Jagden oft und gern hier auf.

Nach seinem Tod fiel 1567 Romrod bei der Landesteilung an Landgraf Ludwig IV. v. Hessen-Marburg. Auch dieser war ein eifriger Jäger, der sich gern hier aufhielt. Vermutlich waren die alten Gebäude doch recht baufällig geworden, denn ab 1578 ließ er sie größtenteils abreißen und begann mit einem Neubau, der 1587 abgeschlossen war. Dabei blieben große Teile der hohen Ringmauer erhalten, an die sich die Gebäude noch anlehnen. Ein Stück Außenwand

Die Stadt Romrod

Schon in früher Zeit entstand neben der Burg eine Ansiedlung. Durch seine Lage an der alten Handelsstraße „durch die kurzen Hessen“ und als Sitz eines Amtes erlebte der Ort bald einen wirtschaftlichen Aufstieg. Landgraf Hermann v. Hessen stellte 1408 einen Freibrief aus. Diesen bestätigte 1524 Landgraf Philipp d. G. und man nimmt an, daß Romrod von ihm bald danach Stadtrechte erhielt. Auf dem ältesten Stadtsiegel steht die Jahreszahl 1553. Marktgerechtigkeit erhielt die Stadt 1579 durch Landgraf Ludwig IV. v. Hessen-Marburg. Nach seinem Tod fiel 1608 Romrod an Hessen-Darmstadt. Während der 30jährige Krieg den Wohlstand der Stadt nicht ganz vernichten konnte, entstand ein Rückgang durch den 7jährigen Krieg. Mit dem Verfall des Schlosses und dem damit verbundenen Fortbleiben der Hofgesellschaft verlor sie zunehmend an Bedeutung, besonders aber durch die Verlagerung der Verkehrsströme. 1829 wurde das Amt aufgelöst. Romrod verlor sogar 1937 seine Stadtrechte, erhielt sie aber 1958 wieder neu verliehen.

Rundgang

Links hinter dem Tor steht der Küchenbau mit der Jahreszahl 1578 und rechts, nach dem Pförtnerhaus, der vier Stockwerke hohe Herrenbau. Diesem gegenüber liegen der Marstall und das Schlachthaus. Den Abschluß an der Südseite bildet der Kanzleibau, welcher an einer Seite wohnturmartig erhöht ist. Eine Besichtigung ist nur nach Anmeldung möglich.

Das Großherzogtum Hessen-Darmstadt

Als Landgraf Philipp d. G. v. Hessen 1567 starb, erfolgte seiner Verfügung entsprechend eine Teilung des Landes unter seine vier legitimen Söhne. Wilhelm IV. erhielt Niederhessen mit Kassel, Ludwig IV. Oberhessen mit Marburg/Gießen, Philipp die niedere Grafschaft Katzenelnbogen am Rhein und Georg I. die obere Grafschaft Katzenelnbogen mit Darmstadt. Philipp und Ludwig starben bereits 1583 bzw. 1604 ohne männliche Erben und ihr Besitz wurde geteilt. Landgraf Ludwig I., der Sohn des Georg I., besaß danach die gesamte Grafschaft Katzenelnbogen und große Teile Oberhessens mit Gießen. Somit gab es dann von 1604 bis 1866 in Hessen zwei Staaten.
1806 trat Landgraf Ludwig X. dem unter Napoleon gegründeten Rheinbund bei und wurde als Ludwig I. zum Großherzog von Hessen und bei Rhein ernannt. Der letzte Großherzog war Ernst Ludwig, der 1918 abdanken mußte. Sein ältester Sohn Georg Donatus kam mit seiner Familie 1937 bei einem Flugzeugabsturz ums Leben und mit seinem zweiten Sohn Ludwig, der 1968 starb, erlosch dieses Fürstenhaus.
1918 wurde das Großherzogtum in „Volksstaat Hessen“ umbenannt. Von 1933-45 unterstand es einem Reichsstatthalter und gehört heute zu dem neugegründeten Bundesland Hessen.

eines Burghauses aus dem 12. Jh. mit kleinen gotischen Fenstern und Eckbuckelquadern ist an der Nordostseite sichtbar geblieben. Der Küchenbau und der Herrenbau sowie der Kanzleibau an der Südseite stammen von dieser Erneuerung, durch welche die Burg einen schloßartigen Charakter bekam.
Im 30jährigen Krieg hatten Stadt und Schloß durch wechselnde Besatzungen viel zu leiden und auch die Pest forderte Opfer. Plünderungen und mutwillige Beschädigungen machten das Schloß unwohnlich. Notdürftig instand gesetzt, diente es nur noch zu kurzen Jagdaufenthalten und bei Durchreisen des Hofes als Nachtquartier. Obwohl Landgraf Ernst Ludwig 1708 einige Ausbesserungen vornehmen ließ, war es um 1732 nicht mehr bewohnbar.
Großherzog Ludwig IV. v. Hessen-Darmstadt, der wie seine Vorfahren ein leidenschaftlicher Jäger war, begann 1879 mit einer gründlichen Restaurierung der ruinösen Anlage. Schloß Romrod wurde damit jahrzehntelang zu einem beliebten Aufenthaltsort der großherzoglichen Familie. Fertigstellen ließ es Großherzog Ernst Ludwig, der auch den Park im Bereich des 1830 eingeebneten Burggrabens anlegte. Er mußte nach dem 1. Weltkrieg 1918 abdanken und erhielt als Abfindung unter anderem Schloß Romrod bis zum Lebensende. 1937 fiel es nach seinem Tod an den Staat. Das Schloß diente danach verschiedenen Organisationen als Unterkunft und Ausbildungsstätte. Während des 2. Weltkrieges wohnten Evakuierte und danach Flüchtlingsfamilien bis zur Mitte der sechziger Jahre darin. Seitdem stehen die Gebäude leer und drohen wieder zu verfallen.

Wegbeschreibung

Anfahrt von der BAB 5, Abfahrt Alsfeld/West und auf der B 49 nach Romrod.

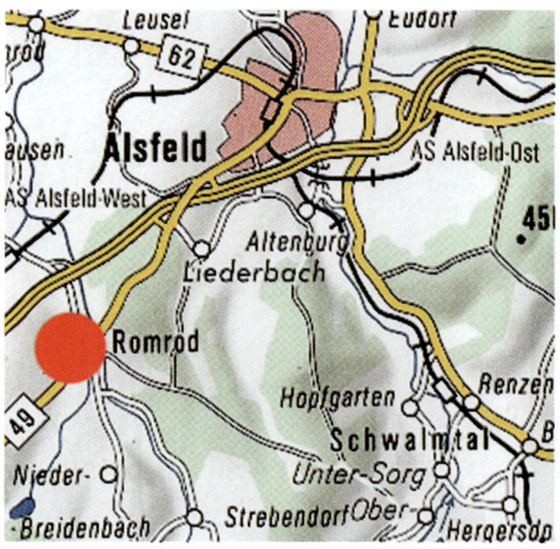

„Die Riedesel“

Die frühe Geschichte dieser Ritterfamilie ist ungeklärt, da sie sich schon in frühester Zeit ohne festen Stammsitz in mehrere Zweige geteilt hatte. Auch ihr Name gibt Rätsel auf und hat bis heute keine rechte Deutung gefunden. Die älteste Schreibweise war „Ryet-esel“.
Der Sage nach hatte sich einst der Kaiser bei einer Jagd im Wald verirrt und war froh, daß ihn ein Waldläufer erkannte und zu seinem Gefolge zurückbrachte. Als Dank für die Rettung bot er ihm dasjenige Gelände an, welches er mit einem Esel in drei Tagen umreiten könne. Es sollte ihm gehören, wenn er pünktlich am Ausgangsort wieder ankäme. Genau zur rechten Zeit kam der Reiter zurück und erhielt vom Kaiser den Namen Ritt-Esel und dazu ein Wappen mit dem Eselskopf.
Viele Sagen knüpfen sich an die alte Burg Eisenbach, die aber auch für andere Burgen weitererzählt werden. Eine wichtige Rolle spielt dabei stets das Auffinden verlorener Schätze oder das Schicksal einer unglücklichen verstorbenen Frau, die nun als weiße Frau nächtlich erscheint.

Schloß Eisenbach

Am Nordrand des Vogelsberges, unweit von Lauterbach entfernt, liegt auf einer flachen Erhebung die umfangreiche Schloßanlage Eisenbach. Obwohl die meisten Gebäude aus dem 16./17. Jh. stammen, ist noch deutlich die Entstehung aus einer mittelalterlichen Burg zu erkennen. Diese war im Anfang als fuldisches Lehen im Besitz der Grafen v. Ziegenhain und von diesen als Afterlehen an die v. Eisenbach weitergegeben. Erbaut hatte sie vermutlich am Anfang des 13. Jh. Konrad v. Eisenbach, der 1217 erstmals in Urkunden erschien.
Diese erste Burg bestand aber nicht sehr lange, denn schon 1265 zerstörte sie der energische Abt Bertho II. v. Fulda in einer der Auseinandersetzungen mit der Ritterschaft. 1287 lag sie noch in Trümmern und in dieser Zeit starb mit Dietrich v. Eisenbach die ältere Linie dieser Familie aus.
Mit ihr verwandt waren die Adligen v. Angersbach, die sich später v. Wartenberg nannten. Trabodo v. Wartenberg nannte sich 1289 auch v. Eisenbach und von ihm stammt die neuere Eisenbach-Linie ab. Er hat vermutlich die Burg erneuert. Von dieser Anlage aus dem 13. Jh. blieb nur der starkwandige, fünfeckige Bergfried an der Nordseite übrig. Er wurde bei einem späteren Umbau auf die Höhe der anderen Schloßgebäude abgebrochen und erhielt ein Spitzdach.
Den Eisenbachern gelang es Einfluß zu gewinnen und mehrere Burgen als Pfandbesitz zu bekommen. Sie waren Gefolgsleute der Abtei, aber auch der hessischen Landgrafen. Heinrich v. Eisenbach erhielt 1343 für Verdienste von Landgraf Heinrich II. das Amt des Erbmarschalls, welches dann auch an seine Söhne und Enkel weitergegeben wurde. Mit Rörich II. starb am Ende 1428 das Geschlecht der Eisenbacher aus.
Aus der Nähe von Melsungen stammte der Ritter Eckhard v. Röhrenfurth, der bereits 1398 die Erbmarschallswürde übernommen hatte. Seine einzige Tochter war mit Hermann Riedesel, Burgmann zu Melsungen, verheiratet. Deren elfjähriger Sohn Johann wurde mit der etwa fünfjährigen Tochter Margarethe des Rörich v. Eisenbach vermählt und damit kamen dessen umfangreichen Lehnsgüter an die Riedesel. Als Eckhard v. Röhrenfurt 1432 starb, erhielten die Riedesel das Amt des Erbmarschalls und behielten es bis in das 20. Jh.
Hermann Riedesel gelang es, durch Übernahme weiterer Lehen und durch Zukäufe den Besitz erheblich auszuweiten. Die ganzen so vereinten Güter nannte man das „Junkernland“.
In den Fehden des Landgrafen Ludwig II. von Niederhessen gegen die Abtei Fulda und auch im hessischen Bruderkrieg am Ende des 15. Jh. standen die Riedesel auf dessen Seite. Nach dem Friedensschluß erhielten sie ihre fuldischen Lehen erneuert. Die Burg Eisenbach blieb jedoch hessisches Lehen.
Im 16. Jh. teilte sich die Familie in die drei Linien Altenburg, Ludwigseck und Burg Lauterbach, die aber alle einen Wohnsitz in Eisenbach behielten. Es entstand eine rege Bautätigkeit, durch welche die Burg schloßartig verändert wurde. Außer dem Bergfried blieben jedoch große Teile der hohen Ringmauer erhalten. Sie bildet die Außenwand des 1515 anstelle der alten Kemenate an der südwestlichen Burgseite errichteten Wohnbaus der Altenburger-Linie. Auch der an der Nordostseite um 1500 entstandene und 1580 veränderte Bau der Hermannsburger-, später Ludwigsecker-Linie, lehnt sich an die Ringmauer an.
1559 erbaute Hermann VI. in der Nordwestecke der Vorburg ein großes Wohngebäude und wenig später entstand daneben ein Torbau. Eine neue Burgkirche wurde um 1440 vor der Kernburg errichtet, aber 1671/4 vollständig umgebaut. Auch in späteren Jahren erfolgten noch Umbauten und Veränderungen. Eine

Schildmauer mit einem Wehrgang schloß ursprünglich die Westseite der Kernburg ab. An diese baute man 1860 einen Saalbau im neugotischen Stil an. Kriegshandlungen um die Burg haben offensichtlich nicht stattgefunden und auch über Beschädigungen im 30j. und 7j. Krieg ist nichts bekannt. Nur noch zeitweilig ist diese große Schloßanlage bewohnt. Als Erbe fiel sie an die Familie v. Gilsa, welche sich um die schwierige Erhaltung bemüht.

Rundgang

Vom Parkplatz geht der Weg an der Gaststätte „Burgpost" vorbei zum Torturm der Vorburg. Links dahinter stehen der Wohnbau von 1559, ein Wirtschaftsgebäude und anschließend die Kirche. Das Innere der Kernburg ist nicht öffentlich zu besichtigen, aber ein bequemer Rundweg läßt die Gebäude von außen betrachten. Umgeben ist die Burg von einer Ringmauer mit noch vier Halbrundtürmen.

Wegbeschreibung

Anfahrt von Lauterbach aus auf der B 275 in Richtung Herbstein. Die Abfahrt zum Schloß Eisenbach ist beschildert.

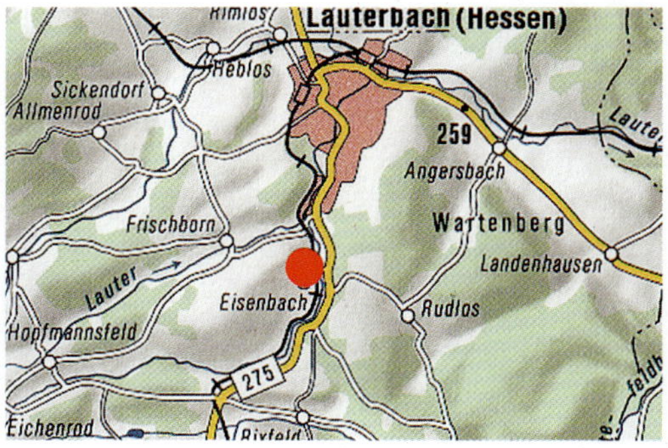

Die Burgenstadt Schlitz

Fünf Burgen nennt man in Schlitz im Vogelsbergkreis, aber eigentlich sind es doch nur drei richtige im Sinn einer mittelalterlichen Burg: Vorderburg, Hinterburg und Ottoburg. Die Schachtenburg ist ein schönes Fachwerkgebäude aus dem 16. Jh. ohne Befestigung und die Hallenburg ist ein Schlößchen aus dem 18. Jh.

Wenig beachtet wird die Burgstätte Niederschlitz, auch „Burgscheidel" genannt, in der Nähe des ehemaligen Bahnhofs gelegen. Nur ein flacher Hügel kennzeichnet die Burgstelle. Hier beginnt jedoch vermutlich die Geschichte der Adelsfamilie v. Schlitz, denn diese einst mit einem Wassergraben umgebene Turmburg ist möglicherweise als deren Stammsitz im 12. Jh. erbaut worden. Angeblich zerstörte sie Abt Bertho II. von Fulda 1261.

Schlitz wurde bereits 812 als „Slitise" in fuldischen Urkunden genannt und wenig später erschien 819 ein Gerlacus des Slitese. Die Familie hatte ein enges Verhältnis zur Abtei Fulda, denn 1133 war Bertho v. Schlitz dort Abt und 1490 erhielt Simon v. Schlitz die Erbmarschallswürde der Abtei, die bei den Nachkommen bis 1802 verblieb.

Schlitz war ursprünglich fuldisches Lehen der Grafen v. Ziegenhain und kam um 1116 an die Herren v. Schlitz. Diese führten etwa ab 1377 den Beinamen v. Goertz, dessen Herkunft ungeklärt ist, wurden 1677 in den Feiherrenstand und 1726 in den Reichsgrafenstand erhoben. Im 14. Jh. war die Familie in mehrere Linien geteilt, die zum guten Miteinanderwohnen einen Burgfrieden schlossen.

Das stets gute Verhältnis zur Abtei Fulda wurde gestört, als sich 1546 Werner v. Schlitz der Reformation anschloß und später die übrigen Familienmitglieder folgten. Drangsalierungen gab es auch hier im 30jährigen Krieg, doch ist nicht bekannt, ob und welche Schäden die Burgen und auch die Stadt erlitten. 1803

Rundgang

Die Oberstadt erreicht man zu Fuß am besten vom Parkplatz aus an der Nordseite. Der Weg führt direkt zur Vorderburg, in welcher außer der gräflich Görtzischen Verwaltung auch das Heimatmuseum und Teile der Stadtverwaltung untergebracht sind. Einige Wirtschaftsgebäude wurden als Hotelgaststätte ausgebaut. Die südlich stehenden Gebäude der Hinterburg sind seit 1950 als Altersheim eingerichtet, zu dem auch die Schachtenburg gehört. Die Ottoburg an der Ostseite diente lange Jahre als Jugendherberge.

Die Hinterburg

Die Vorderburg

Die Seeburg oder Alte Mauer

entfiel die fuldische Oberlehnsherrschaft und 1806 wurde die Grafschaft Schlitz dem Großherzogtum Hessen-Darmstadt unterstellt.
Die älteste der auf der Höhe stehenden Burgen ist die wahrscheinlich schon im frühen 13. Jh. erbaute Vorderburg. Der mächtige Wohnturm wurde in späterer Zeit mehrfach umgebaut und erhielt im 16. Jh. eine Haube aufgesetzt. In der Zeit entstanden auch die beiden flankierenden, dreistöckigen Gebäude im Stil der Renaissance. Auch der 30 m hohe, runde Bergfried der Hinterburg entstand bereits im frühen 13. Jh. Eine Holzbrücke führt von dem benachbarten älteren Burggebäude zu dem hochliegenden Turmeingang. 1954 wurde in den Turm ein Aufzug eingebaut, der auch älteren Besuchern einen Rundblick über die Stadt und das Umland ermöglicht. Auch diese beiden Burggebäude stammen aus dem 16. Jh. und wurden später schloßartig verändert.
Die Altstadt von Schlitz war mit einer starken Mauer umgeben, von der große Teile erhalten sind. Diese Mauer bildet auch die Rückwand der Ottoburg in der Nähe des Marktplatzes an der Stadtostseite. Von ihren beiden Ecktürmen gehörte der nördliche ursprünglich zur Stadtbefestigung. Diese Burg entstand im frühen 15. Jh., wurde 1653 von Otto Hartmann v. Schlitz umgebaut und erhielt damit ihren Namen. Sein Sohn, Philipp Friedrich v. Goertz vollendete 1681 diesen Bau. Die Ottoburger Linie starb mit Georg Heinrich v. Goertz aus, der als Minister des schwedischen Königs Karl XII. nach dessen Tod aufgrund von Verdächtigungen 1719 hingerichtet wurde.
Die Schachtenburg ließ Elisabeth v. Schachten, geb. v. Schlitz, 1557 erbauen. Sie war die Witwe des Wilhelm v. Schachten, eines Kriegsrates des Landgrafen Philipp d. G. v. Hessen. Auf einem steinernen Sockel steht ein interessanter Fachwerkoberbau im Stil der Spätgotik und Renaissance.
Südöstlich der Stadt liegt in einem Park in der Nähe der Schlitz das Schloß Hallenburg. Es entstand an der Stelle eines befestigten Hofes, brannte 1755 vollständig nieder und wurde danach im klassizistischen Stil erneuert. 1954 übernahm es die Stadt Schlitz für verschiedene kulturelle Zwecke.

„Die Seeburg“

Etwa vier Kilometer südlich von Schlitz und unweit westlich vom Dorf Hartershausen entfernt, steht in einer flachen Senke der rätselhafte Rest eines hohen Wohnturmes, der im Volksmund „die alte Mauer“ genannt wird. Auch als „Seeburg“ wird dieses Bauwerk bezeichnet, da vermutlich einst ein seeähnlicher Wassergraben herumgeführt war. Niemand weiß, wann und von wem diese Burg erbaut wurde, da urkundliche Nachrichten fehlen. Verfiel sie wegen Aufgabe, oder wurde sie zerstört? Die sorgfältig behauenen Eckbuckelquader der 12 m hohen Ostwand mit Teilen eines Kamins und eines romanischen Fensters besagen, daß der Bauherr begütert gewesen sein muß. Vielleicht wurde sie im 12. Jh. zur Kontrolle einer alten Straße oder als Vogteiburg von der Abtei Fulda errichtet? Möglicherweise waren die Herren v. Schlitz die Erbauer im Auftrag der Abtei, da die Ruine später noch in deren Besitz war.

Wegbeschreibung

Zufahrt auf der BAB 7, Abfahrt Hünfeld/Schlitz oder von der B 275 über Lauterbach nach Schlitz.

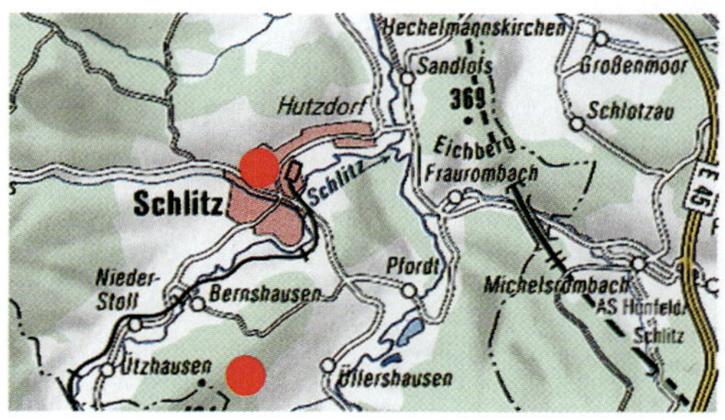

Die Seeburg (unten)

Die Gerichtslinde

Burg Fürsteneck

Kennzeichnend für die weithin freie Landschaft am Nordwestrand der Vorderrhön, zwischen Haune und Ulster, sind die vielen Basaltkegel, die aus der Ebene aufragen. Sie gaben ihr den Namen „hessisches Kegelspiel". Einige trugen einst Burgen, von denen zumeist nur wenig verblieb. Nördlich von Schenklengsfeld stand die Landsburg und östlich von Hünfeld der Haselstein. Dazwischen standen Burgen in Mansbach, Leibolz, Oberufhausen, Großentaft und Kirchhasel sowie auf dem Morsberg, aber nur schwache Spuren sind von ihnen noch erkennbar. In Fehden zerstört, verlassen und verfallen, sind diese stolzen Adelsitze vor Zeiten untergegangen.

So ist es erstaunlich, daß eine Burg mitten in diesem Land erhalten blieb und sogar ihr äußeres Bild weitgehend wahren konnte: Fürsteneck!

Unweit nördlich von Eiterfeld liegt sie auf einer langgestreckten, flachen Basaltkuppe, das Umland leicht überragend. Erbaut wurde die Burg vermutlich im 13. Jh. an der Stelle einer älteren Anlage von Heinrich V. v. Weilnau, Fürstabt zu Fulda (1288-1313) und erschien 1309 erstmals in Urkunden. Sie sollte die nördlichen Besitzungen des Hochstiftes schützen. Ob der Name Fürsteneck von dem Höhenrücken, der First = Bergkamm, oder von dem Fürstabt als Bauherrn abgeleitete wurde, ist ungeklärt.

Die Burg war als Sitz eines Amtes und Gerichtes stets mit Burgmannen und Amtsleuten besetzt. Einer der ersten Burgmänner war wohl der 1290 genannte

Berthold v. Buchenau. Sie bestand vermutlich am Anfang nur aus einem quadratischen Wohnturm, der beim späteren Umbau fast gänzlich abgetragen wurde. Sein Untergeschoß ist in dem Wohnbau an der Torseite noch vorhanden.
Da sich die Abtei sehr häufig in Geldverlegenheiten befand, verpfändete sie die Burg daher ab der Mitte des 14. Jh. an Adlige der Umgebung, so an die v. Buchenau, v. Holzheim und andere.
1460 war Hans von der Tann zum Burgmann auf Fürsteneck bestellt mit dem Auftrag, die Burg in einen guten Wehrzustand zu versetzen. Er geriet bald in eine Fehde mit Graf Heinrich v. Henneberg, der die Burg zu stürmen suchte. Als dieses jedoch mißlang, brannten die Henneberger stattdessen fünf Dörfer des Hans von der Tann nieder.
Später wurde die Instandhaltung anscheinend wenig beachtet, denn die 1532 zum Teil von der Abtei zurückerworbene Burg war um 1550 als baufällig genannt worden.
Im 30jährigen Krieg war Johann Bernhard Schenck zu Schweinsberg von 1623-32 Fürstabt zu Fulda. Er ließ anscheinend die Burg neu befestigen und einen Zwinger vor dem Eingangstor erbauen. Das westliche Eckrondell dieses Bauwerks trägt sein Wappen.
Eine vollständige Erneuerung mit schloßartigem Charakter erfolgte aber erst durch Fürstabt Adalbert v. Schleiffras (1700-1714). Der große Wohnbau und die langgestreckten Gebäude an der Westseite tragen sein Wappen mit der Jahreszahl 1709. Aus dem Jahre 1710 stammt der hintere Wirtschaftsbau. Zeitweilig diente nun das Burgschloß den Fürstäbten als Sommersitz.
Nach der Auflösung des Kirchenstaates wurde 1803 Fürsteneck Domäne. Wieder wurden die Gebäude vernachlässigt und zum Teil baufällig.
Zur Einrichtung einer Heimvolkshochschule erfolgte 1951-53 eine umfassende Restaurierung. Stilgerecht wurde Vieles wieder hergerichtet und Neues dem Gesamtbild angepaßt. Eine alte Linde steht noch heute vor dem Tor, unter der vermutlich einst Gericht gehalten wurde.

Die hessische Heimvolkshochschule Burg Fürsteneck

Seit über 40 Jahren besteht in den historischen Mauern dieser alten Burg eine Heimvolksschule als einzige ihrer Art in Hessen. Sie will Menschen aller Generationen unabhängig von ihrer beruflichen und sozialen Herkunft ermutigen, sich mit Gegenwart- und Zukunftsfragen aktiv auseinanderzusetzen sowie über Lebensstil und Sinnfragen nachzudenken.
Es ist eine ganzheitliche Jugend- und Erwachsenenbildung mit der Orientierung auf die Integration politischer, sozialer und multikultureller Bildung.
Jährlich kommen etwa 3500 Menschen zu verschiedenen Kursen und Seminaren in das Heim, welches Begegnung und Gespräch, Besinnung und Neuorientierung, kreatives Tun und spielerisch-phantasievolles Erproben möglich macht. Das Themenangebot ist breit gefächert.
(Gekürzt aus Exposé der Heimvolksschule)

Rundgang

Ein kurzer Weg führt vom Parkplatz zum Eingangstor vor dem Zwinger. Rechts dahinter zeigt sich die fensterlose Wand des alten Wohnturmunterteils. Daran schließt sich der dreigeschossige Wohnbau mit dem Chromogramm 1719 an. Links liegen die Kapelle und die Schulgebäude. Rechts hinter dem Wohnbau stehen die Wirtschaftsgebäude von 1710 mit erneuertem Fachwerkobergeschoß. Den Abschluß bildet ein mittelalterlicher, quadratischer Wehrturm.

Wegbeschreibung

Anfahrt von Bad Hersfeld auf der B 27 und abbiegen in Eitra nach Eiterfeld oder von Burghaun über Steinbach nach Eiterfeld.

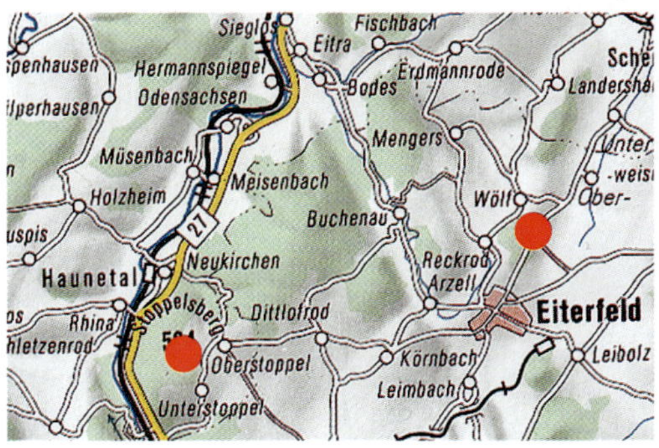

Fürsteneck (oben), Oberstoppel Burg Hauneck (links unten)

Siegel des H. J. von Ettlingen

Burg Hauneck

Südlich von Bad Hersfeld, über dem rechten Ufer der Haune bei Neukirchen, liegt auf dem 524 m hohen Basaltgipfel des Stoppelberges die stattliche Ruine der Burg Hauneck. Wie bei allen Gipfelburgen waren einst auch hier die Abhänge freigeschlagen, um gute Sicht und freies Schußfeld zu haben. Jetzt ist die Burg unter hochgewachsenen Bäumen verschwunden und man bemerkt sie erst, wenn man fast vor ihr steht. Vom Stumpf des Bergfrieds aus kann der Blick, über die Wipfel der Bäume hinweg, weit in das Umland schweifen.
Die frühe Geschichte der Burg liegt im Dunkeln. Es ist möglich, daß sie von den mächtigen Rittern v. Haune (Hune) im 13. Jh. zur Sicherung ihre Unabhängigkeit zwischen den Reichsabteien Hersfeld und Fulda erbaut wurde. Später verlegten sie wohl Ihren Wohnsitz in das etwas weiter südlich im Tal liegende Burghaun. Vielleicht sind aber auch beide Burgen gleichzeitig entstanden. Von der hoch liegenden Burg aus konnte die alte Westost-Straße kontrolliert und gesichert werden.
Besonders bekannt wurde Simon von Haune, der 1378 an einem nächtlichen Überfall des Abtes Berthold v. Völkershausen auf die Stadt Hersfeld teilnehmen sollte. Da dieses gegen seine Ritterehre ging, warnte er die Stadt mit einem Fehdebrief, welche in der „Vitalisnacht" den Angriff erfolgreich abwehren konnte (siehe Seite 39).
1397 wurde die Burg erstmals in einer Urkunde genannt. Bei einem kriegerischen Überfall fuldischer Ritter in hessisches Gebiet, konnte sie Landgraf Hermann v. Hessen 1402 zurückschlagen und dabei auch die Burg Hauneck erobern. Da sie für Hessen an der fuldischen Grenze von großer Bedeutung war, erwarb der Landgraf sie unter einem gewissen Druck 1409 durch Kauf und machte sie zu einem Amtssitz.
Den Rittern v. Buchenau war dieser hessische Stützpunkt in ihrem Einflußgebiet jedoch lästig und so überfielen sie 1469 die Burg und brannten sie nieder. Es war wohl eine Folge der weiter schwelenden Auseinandersetzungen zwischen der Ritterschaft und den Landgrafen. Vierzehn Jahre lang blieb die Burg Ruine. Über ihre Größe und ihr Aussehen ist nichts bekannt, da außer dem Bergfried aus dem 13. Jh. keine weiteren Baureste verblieben.
Erst ab 1483 ließ Landgraf Heinrich III. v. Hessen-Marburg die Burg durch seinen Baumeister Hans Jakob von Ettlingen erneuern. Zuerst errichtete dieser die Kemenate, d.h. den heizbaren Steinbau, und nahm hier 1484 seinen Wohnsitz. Es folgten der Maueraufbau, der Bau des Torhauses und von Ställen sowie die Instandsetzung des Bergfrieds.
Nach sechs Jahren waren die Bauarbeiten abgeschlossen. Hans Jakob von Ettlingen war inzwischen als Hofbaumeister auf Lebenszeit angestellt worden, wurde auch Amtmann auf Hauneck zusätzlich zu seinen übrigen Diensten und blieb dort bis 1494. Auch nach ihm wurde die Burg wieder mit Amtsleuten besetzt, bis man das Amt im Jahre 1600 nach Holzheim verlegte.
Über die spätere Zeit fehlen jegliche Nachrichten und es ist zu vermuten, daß die Burg verlassen war und im 30jährigen Krieg endgültig zerstört wurde. Auch von hier trug man Steine zur Materialgewinnung ab. Erst 1982/86 erfolgten Sicherungsarbeiten und Instandsetzungen, um die Ruine der Allgemeinheit zugänglich zu erhalten.

Rundgang

Nach mäßig steilem Anstieg erreicht man den Torbau mit zwei Toren. Die vollständig erhaltenen, 1,5 m dicken Umfassungsmauern bilden eine fast regelmäßiges, schiefes Viereck. Links neben dem Torbau stehend die Reste des ehemals zweistöckigen Palas. Aus dem 13. Jh. stammt der Stumpf des Bergfrieds in der Mitte des Burghofes. Er wurde in neuerer Zeit begehbar hergerichtet.

„Der landgräfliche Hofbaumeister Hans Jakob von Ettlingen“

Wer war dieser Mann und was blieb von ihm überliefert? Vermutlich um 1440 in Württemberg geboren, kam er als 30jähriger nach Hessen. Möglicherweise hatte ihn Pfalzgraf Friedrich dem Landgrafen Heinrich III. v. Hessen Marburg empfohlen, der einen Baumeister suchte. Als Wohnsitz wurde ihm zuerst Ziegenhain mit einem Jahresgehalt von 15 Gulden angewiesen. Seine erste größere Arbeit war der Aufbau von Friedewald ab 1474. Später folgten 1479 der Umbau von Wolkersdorf, ab 1480 die Verstärkung von Rüsselsheim und 1482 auch von Schweinsberg. Für den Hofmarschall Johann Schenck zu Schweinsberg erbaute er neben der Burg Hermannstein ein neues Wohngebäude. Die ersten Wallgräben von Ziegenhain wurden von ihm entworfen. Von 1483 an eneuerte er die Burg Hauneck, wurde dort zusätzlich Amtmann und wohnte auf der Burg bis 1494. Seine umfangreichste Arbeit war der festungsmäßige Ausbau der Burg Herzberg für den Hofmeister Hans v. Dörnberg ab 1485. Für diesen erbaute er auch den „Junker Hansen Turm“ in Neustadt, sein einziges, vollständig erhaltenes Bauwerk. Ettlingen stand hoch in der Gunst der Landgrafen und der höheren Hofbeamten. Seit 1482 führte er ein Siegel mit einem Horn als Zeichen. An vielen anderen Bauten dieser Zeit, bei denen eine Stilwandlung von der Gotik zur Renaissance zu erkennen ist, hat er zumindest beratend mitgewirkt. Aus den Burgen entstanden nun weniger stark befestigte Schlösser oder Festungen. Ettlingen starb 1507 in Ziegenhain.

Wegbeschreibung

Anfahrt auf der B 27 Bad Hersfeld - Hünfeld. Abbiegen in Neukirchen nach Oberstoppel oder bei Rothenkirchen nach Unterstoppel.

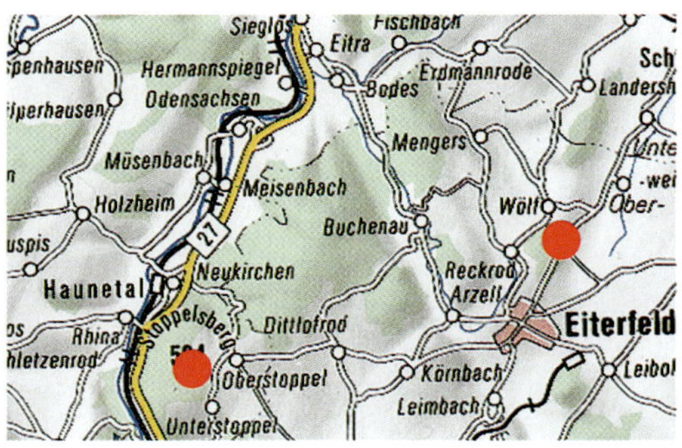

Fürsteneck (oben), Oberstoppel Burg Hauneck (links unten)

Burg Ebersberg

Im Nordteil der hohen Rhön erhebt sich oberhalb von Weyhers der fast 700 m hohe Ebersberg, der vermutlich schon in vor- und frühgeschichtlicher Zeit befestigt war. Etwa um 1100 entstand auf dem Gipfel eine Burg, welche im 13. Jh. im Besitz einer Adelsfamilie war, die sich v. Ebersberg nannte. Dieses bedeutendste Geschlecht in der Rhön erschien 1219 erstmals in Urkunden. Ob die Ebersberger die Burg erbauten oder eine ältere Anlage übernahmen, ist ungeklärt. Die Familie war weit verzweigt und saß auf mehreren Burgen im Umkreis.

Wegen anhaltender Räubereien, die auch von dieser Burg ausgingen, ließ 1270/71 der Fuldaer Abt Bertho II. v. Leibolz die Ebersburg und noch weitere Burgen zerstören. Dabei geriet Hermann v. Ebersburg in Gefangenschaft und wurde in Fulda hingerichtet. Dieses scharfe Vorgehen empörte die Ritter und löste eine Verschwörung aus. Unter der Führung des Giso v. Steinau ermordeten sie den Abt in der Burgkapelle zu Fulda, flüchteten danach in die Burg Steinau und verwüsteten von dort aus fuldisches Gebiet. Der nachfolgende Abt, Bertho III. v. Mackenzell, ließ die Mörder aufspüren, welche in der Kirche zu Kirchhasel gestellt und dort erschlagen wurden. Die hierbei überlebenden Brüder Albert und Heinrich v. Ebersberg wurden auf Anordnung des Kaisers Rudolf v. Habsburg 1274 in Frankfurt öffentlich gerädert. Der Ebersberg blieb danach über 100 Jahre in Trümmern liegen.

Auch die Burg Weyhers war zerstört worden, doch ein Zweig der Familie, der sich v. Ebersberg gen. Weyhers bezeichnete, baute sie um 1300 wieder auf.

Nach der Ermordung des Abtes Bertho II. zerstörte man auch die Burg Poppen-

„Das Buttlarsche Wappen“

Einer der wilden Ritter v. Ebersberg nahm einst in einer Fehde einen jungen Edelmann gefangen und brachte ihn auf seine Burg. Dort sah ihn des Ebersbergers Tochter und fand Gefallen an ihm. Sie wartete, bis ihr Vater mit seinen Knechten wieder zu einem neuen Streit auszog, eilte zu dem jungen Herrn, der im Turm eingesperrt war und versprach ihm Hilfe und Rettung. Bei nächster Gelegenheit zog sie sich die Kleider einer Dienstmagd an und nahm eine große Wasserbütte auf den Rücken. Sie schloß die Turmkammer auf, ließ den jungen Ritter in die Bütte kriechen und eilte zum Burgtor hinaus, als ob sie noch spät Wasser holen wollte und brachte ihn somit in die Freiheit.
Der Ebersberger verzieh aber dem Paar diesen Streich und war mit einer Heirat einverstanden. Zum Dank und Gedächtnis aber nahm der junge Ritter die Bütte in sein Wappenschild auf. (Frei nach Hessler)

Rundgang

Über das Gelände der verschwundenen Vorburg erreicht man durch ein kleines Tor den inneren Burghof. Während das viereckige 10 m hohe Unterteil des Bergfrieds vielleicht noch von der um 1100 erbauten Burg stammt, erfolgte der Aufbau des runden Oberteils 1395/96. In dieser Zeit entstand auch der nördliche Rundturm. Von der Ringmauer blieb nur die geknickte, östliche Seite erhalten.

hausen, wegen Beteiligung der Besitzer an der Freveltat. Auf unbekannte Weise kam die Ruine in den Besitz des Heinrich v. Steinau gen. Steinrück, der diese Burg ohne Erlaubnis der Abtei erneuerte und einen Teil den Ebersbergern verkaufte.
Es gelang dennoch den v. Ebersberg und v. Steinau sich mit der Abtei Fulda auszusöhnen. Beide Familien begannen gemeinsam 1395/96 die ruinöse Burg auf dem Ebersberg neu aufzubauen und zu erweitern. Diesem Vorhaben widersetzte sich der Abt Johann v. Merlau, da er den Berg als Eigentum der Abtei beanspruchte. Das hinderte jedoch den Aufbau nicht, nur mußte die erneuerte Burg von der Abtei zu Lehen genommen werden. Die Urkunde eines 1430 geschlossenen Burgfriedens der Burgbewohner blieb bis heute erhalten.
Durch den Wiederaufbau der Burg Ebersberg entstand mit den Burgen Weyhers und Poppenhausen wieder ein für Fulda gefährliches Burgendreieck. Als es im 15. Jh. erneut Zerwürfnisse zwischen der Abtei Fulda und der Ritterschaft gab, belagerte und zerstörte 1459 der Abt Reinhard v. Weilnau die Burg Poppenhausen. Möglicherweise wurde dabei auch der Ebersberg erstürmt und beschädigt. Bis in das 16. Jh. blieb die Burg aber ständig bewohnt und die Ganerben waren verpflichtet, sie baulich instand zu halten.
Als die Ebersberger um 1516 ihren Hauptwohnsitz nach Gersfeld verlegten, gaben sie vermutlich die Burg wegen ihrer abseitigen Lage auf und ließen sie verfallen. Obwohl die Burg militärisch bedeutungslos geworden war, bot sie im 30jährigen Krieg doch noch den Bauern der umliegenden Orte Zuflucht.
1806 fiel der Gersfelder Raum an Bayern, welches 1852/53 erste Instandsetzungen an der Ruine vornehmen ließ. Dabei wurde der Bergfried als Aussichtsturm eingerichtet und erhielt einen Zinnenkranz. 1866 wurde das Gebiet preußisch und ist heute ein Teil des Bundeslandes Hessen, dem jetzt die Ruine gehört.

Wurfmaschinen und Kanonen

Schon im Altertum waren Vorrichtungen bekannt, um feste Tore einzubrechen und Mauern zerschlagen zu können. So wurden auch noch im frühen Mittelalter Rammböcke und Wurfmaschinen eingesetzt. Derartige Geschütze, im 13. Jh. „Bliden“ oder „Gewerfe“ genannt, konnten ca. 100 kg schwere Steine etwa 70 m weit schleudern. Größere Bliden des 14. Jh. warfen sogar 300 kg schwere Kugeln, und durch Übungswerfen erzielte man eine beachtliche Treffsicherheit.
Schießpulver kam erst in der Mitte des 14. Jh. zum Einsatz. Eine frühe Kanone schoß schon ca. 200 m weit, aber nur mit einem 12 kg schweren Geschoß. Die Burg Tannenberg im Odenwald wurde 1399 erstmals mit Kanonen zur Übergabe gezwungen. Den Ausschlag gab das Geschütz der Stadt Frankfurt, die „dulle Griet“, mit Kugeln von 40 cm Durchmesser. Wurfmaschinen wurden noch lange Zeit neben Kanonen eingesetzt, da sie leichter herzustellen waren und Pulver teuer war.
Wegen ständiger Fehden wurde 1393 die Burg Poppenhausen belagert und mit Wurfmaschinen beschossen. Man konnte sie jedoch erst 1459 erobern und zerstören. Bei Grabungen und Bauarbeiten hat man vielfach Steinkugeln von 25 bis 60 cm (!) Durchmesser gefunden.
Auch die Wasserburg Weyhers wurde 1270 und nochmals 1402 mit Wurfmaschinen beschossen. Auch hier fand mann 300 kg schwere Steinkugeln mit 55 cm Durchmesser.

Wegbeschreibung

Anfahrt von Fulda auf der Landesstraße nach Ebersburg/Weyhers. Dort abbiegen auf die Höhe zum Parkplatz Ebersberg. Kurzer Fußweg zur Ruine.

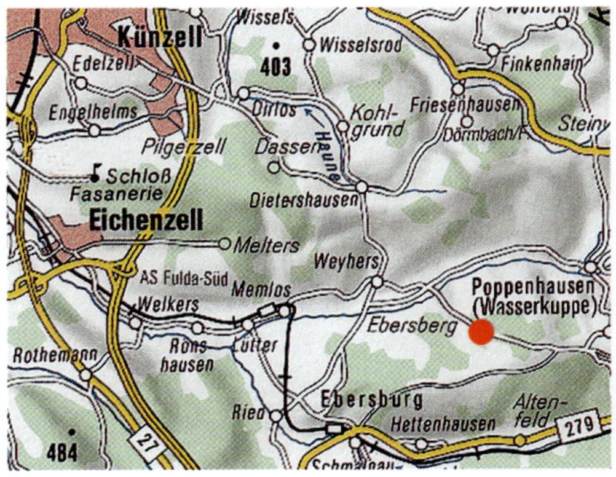

Schloß Fulda

Wappen des Fürstabtes Adalbert von Schleifras am Schloß Bieberstein

Nichts deutet mehr daraufhin, daß die umfangreiche Schloßanlage in Fulda aus einer mittelalterlichen Burg der Fuldaer Äbte entstand. Grabungen und andere Untersuchungen zeigten, daß Fundamente und Wände davon in den großen Gebäuden noch vorhanden sind.

Um 500 n. Chr. lag an der Fulda eine befestigte Curtis mit einer Holzbrücke, welche um 700 niedergebrannt wurde. Sie hatte ihre Bedeutung durch die Nähe der Antsanvia, der alten Straße vom Rhein-Maingebiet nach Thüringen und Sachsen. Hier gründete Sturmius 744 ein Benediktinerkloster im Auftrag des Bonifatius.

Wann und von wem die erste Burg in Fulda von der Abtei erbaut wurde, ist nicht bekannt. Sie lag vermutlich neben den Konventsgebäuden im Klosterbereich südlich des Domes. Baureste sind nicht vorhanden. Nach 1294 begann Fürstabt Heinrich V. v. Weilnau (1288-1313) mit dem Bau einer neuen Burg außerhalb der Klostermauern neben dem Heertor. Ihm war vermutlich die alte Anlage zu klein und zu unsicher geworden. Außerdem wollte er wohl deutlich die Trennung zwischen Abtstisch und Konventstisch zeigen. 1312 war diese neue Burg fertiggestellt, welche Fürstabt Heinrich VI. v. Hohenberg (1315-53) bereits erweiterte. Forderungen der Fuldaer Bürger nach größeren Rechten und Freiheiten verweigerte er, was 1331 einen Aufstand unter der Führung des Stiftsvogtes Graf Johann v. Ziegenhain auslöste. Dabei wurde auch die Abtsburg teilweise zerstört. Dem Abt gelang es jedoch, den Aufstand niederzuschlagen und die Bürger zur Wiederherstellung der Befestigungen zu zwingen. Die Burg bot weiterhin den Äbten Schutz in den Auseinandersetzungen mit der Ritterschaft, verlor aber zunehmend an Bedeutung durch die Waffentenwicklung.

Daher ließ Fürstabt Friedrich v. Schwalbach (1606-22) die Burg teilweise abbrechen und begann zwischen 1607 und 1612 mit dem Umbau zu einem Renaissanceschloß. Der gotische Wohnturm blieb dabei offenbar bestehen, wie aus einem Merianstich ersichtlich ist. Diese Vierflügelanlage war aber noch mit einem Graben umgeben und nur über eine Zugbrücke erreichbar.

Hundert Jahre später ließ Fürstabt Adalbert v. Schleifras (1700-14) diese Gebäude für den Neubau eines Barockschlosses weitgehend abreißen. Dieses entstand ab 1706 nach Plänen des Hofbaumeisters Johann Dientzenhofer. Er entwarf eine

Merianstich 17. Jh.

Adalbert v. Schleifras
Fürstabt von Fulda

Am 18. 2. 1650 wurde Adalbert v. Schleifras in dem kleinen Dorf Reichlos am Ostrand des Vogelsberges geboren und kam als Siebenjähriger auf das Jesuitengymnasium zu Fulda. Nachdem er 1667 die Tonsur erhalten hatte, trat er bald danach in das Stift Fulda ein. Einige Jahre studierte er in Ochsenhausen, in der Steiermark und in Graz. Mit 27 Jahren erhielt er die Priesterweihe und wurde Probst zu St. Michael in Fulda. Am 1. 7. 1700 wählte man ihn zum Abt des Hochstiftes. Bereits 1704 ordnete er den Neubau der Stiftskirche an. Für die Weihe im Jahre 1712 hatte er sich eine päpstliche Vollmacht erteilen lassen, da er nicht Bischof war. Trotz der Einsprüche des gegnerischen Bischofs von Würzburg übte er sein Amt wie ein Bischof mit Selbstverständlichkeit aus, so wie seine Vorgänger. Als Landesherr gelang es ihm den fuldischen Besitz durch Einlösungen und Neuerwerbungen abzurunden. Ab 1706 ließ er das Abtschloß in Fulda neu bauen. Dort starb er am 6. 10. 1714.

Spiegelkabinett im Stadtschloß

zwei- und dreigeschossige Anlage mit einem Innenhof und einem nach Südwesten offenen hufeisenförmigen Vorhof als Ehrenhof. Wirtschaftsgebäude schlossen sich nach Nordosten an. Wieder bezog man ältere Bauteile in die Neubauten mit ein, so blieb an der Gartenseite ein Burgturm aus dem 14. Jh. stehen und wurde baulich angepaßt.
Fast gleichzeitig mit dem Schloß entstand auch der Dom durch Dientzenhofer. Fürstabt Adalbert v. Schleiffras, der 1714 starb, erlebte die Fertigstellung dieser beiden großartigen Bauvorhaben nicht. Sein Nachfolger, Fürstabt Constantin v. Buttlar, ließ die Arbeiten fortsetzen, so daß 1719 die Residenz und 1720 auch der Dom durch die Baumeister Stengel und Gallasini fertiggestellt werden konnten.
Es war eine bemerkenswerte Eigenart der Abtei Fulda, daß die Äbte nicht im Kloster selbst wohnten. 1802 wurde die Abtei durch den Reichsdeputationshauptschluß aufgehoben und die Herrschaft dem Hause Nassau-Oranien überlassen. Mit dem Anschluß an Kurhessen verlor 1816 das Land endgültig seine Selbständigkeit.
Kurfürst Wilhelm II. v. Hessen-Kassel ließ ab 1821 verschiedene bauliche Veränderungen vornehmen. So wurden die Räume des Nordflügels im klassizistischen Stil verändert und mehrere große Säle umgebaut. 1866 wurde Fulda preußisch und gehörte nun zur Provinz Hessen-Nassau. Nachdem das Schloß längere Zeit ungenutzt blieb, erwarb es 1894 die Stadt Fulda. Seitdem dient es der Stadtverwaltung als Rathaus, dem Landgericht und kulturellen Veranstaltungen. Schwere Schäden entstanden durch Bomben im letzten Krieg, die bis 1954 ausgebessert werden konnten.

„Von der Abtei zum Fürstentum“

Im Auftrag des Apostel Bonifatius gründete sein Schüler Sturmius am 12.III.744 auf dem Platz eines zerstörten Königshofes ein Kloster nach den Regeln des hl. Benedikt. Das Königsland war eine Schenkung des fränkischen Hausmeiers Karlmann als wirtschaftliche Grundlage. In der von Sturmius erbauten Basilika wurde Bonifatius nach seinem Märtyrertod 754 beigesetzt.
König Pippin erhob 765 das Kloster in den Rang einer Reichsabtei. Durch zahlreiche Schenkungen dehnte sich der Besitz erheblich aus, so daß die Abtei reich begütert wurde. 1220 erhielt der Abt die Würde eines Reichsfürsten und die Abtei bekam Landeshoheit. Es gelang zunehmend, den Einfluß der Klostervögte einzuengen und 1344 übernahm der Abt selbst die Vogtei durch Kauf von den Grafen v. Ziegenhain.
Folgenschwer war die Zeit der Reformation, besonders nach 1525, als Landgraf Philipp d. G. v. Hessen den Bauernaufstand im Fuldaer Land niedergeschlagen hatte. Auch die fuldische Ritterschaft hatte sich der Reformation angeschlossen. Nach dem 30jährigen Krieg konnte sich jedoch der Katholizismus wieder durchsetzen.
Einen Höhepunkt erlebte die Abtei nochmals im 18. Jh. unter dem Fürstabt Heinrich v. Bibra, dem eine wirtschaftliche Förderung des Landes und die Ordnung der Finanzen gelang. 1752 erfolgte die Erhebung der Abtei zu einem Bistum. Adalbert III. v. Harstall, der 1802 abdanken mußte, war der letzte Fürstbischof von Fulda.
Während der geistliche Staat nach 1803 aufgelöst wurde, blieb das Bistum, mit kurzer Unterbrechung, bis heute bestehen.

Wegbeschreibung

Der Schloßbau liegt in der Stadtmitte von Fulda

Amand v. Buseck,
Bischof von Fulda (1737 - 1756)

Am 2. 2. 1685 wurde er in Eppelborn, nördlich von Saarbrücken, geboren und kam als Zehnjähriger zu seinem Onkel Bonifatius v. Buseck, dem Probst vom Stift Johannesberg bei Fulda. Als Benediktiner erhielt er 1709 die Priesterweihe. Mehrfache Studienreisen u.a. nach Holland, Paris und ins Elsaß vermittelten ihm eine umfassende Bildung. Wegen seiner besonderen Fähigkeiten wurde er 1737 zum Abt von Fulda gewählt und schließlich 1752 zum Bischof ernannt. Er sorgte für eine geordnete Verwaltung des Landes und eine solide Wirtschaftsführung. Der Gartengestaltung, der Kunst und der Architektur war er sehr verbunden. Unter ihm erfolgte die Erweiterung und Neugestaltung des Schlosses Fasanerie. Dort starb er am 4. 12. 1756.

Schloß Fasanerie

Unweit südöstlich von Fulda liegt zwischen Eichenzell und Pilgerzell die großartige barocke Schloßanlage Fasanerie. Sie entstand aus dem Bestreben der Fürstäbte von Fulda, eine repräsentative Sommerresidenz zu schaffen.
Vermutlich ließ bereits um 1710 Fürstabt Adalbert v. Schleiffras einen fuldischen Meierhof zu einem einfachen Schlößchen umbauen, welches um 1730 Fürstabt Adolph v. Dalberg vergrößerte. Dieser alte Schloßbau bildet heute den hinteren Abschluß des Innenhofes. Nach dem Bau einer großen Parkmauer ab 1739 erhielt die Anlage den Namen „Adolphshof".
Eine umfassende Erweiterung und Neugestaltung erfolgte dann 1740/56 unter dem Fürstabt, seit 1752 Fürstbischof, Amand v. Buseck. Die Pläne erstellte der aus Italien stammende Fuldaer Hofarchitekt Andreas Gallasini unter entscheidender Mitwirkung des Fürstabtes. Gallasini war Schüler des genialen Architekten Julius Ludwig Rothweil, dessen künstlerischer Einfluß bei diesen Gebäuden bemerkbar ist.
Es entstand eine nach vorn offene Dreiflügelanlage mit einem dahinter liegenden fast quadratischen Innenhof. An den abschließenden Querbau sind zu beiden Seiten Ziertürme mit Schweifkuppeln angesetzt. Der südliche Turm diente der Schloßkirche, welche etwas versteckt neben dem Innenhof eingebaut ist, als Glockenturm. Hinter dem alten Querbau erstrecken sich der Marstallhof und danach der Wirtschaftshof. Die lange Zufahrtsallee ließ später (1760) Fürstbischof Heinrich v. Bibra anpflanzen.
Nach der Säkularisation des Kirchenstaates Fulda kam das Schloß 1803 zunächst an das Haus Nassau-Oranien und wurde um 1813 als Lazarett verwendet. Aus Rußland zurückströmende, plündernde Truppen richteten erheblich Schäden und Zerstörungen an.

Museum Schloß „Fasanerie“

Das Schloß dient heute weitgehend als Museum für die Kunstgegenstände und Sammlungen der hessischen Landgrafen, die im Besitz der Hessischen Hausstiftung sind. Gezeigt werden beachtenswerte Bilder von Tischbein, Böttner u.a., Mobiliar, Porzellan, Glas- und Silberarbeiten. Eine bedeutende Antikensammlung umfaßt Plastiken und Gegenstände aus einem Jahrtausend griechisch-römischer Kunst. Die Porzellansammlung enthält Besonderheiten europäischer Manufakturen sowie aus China und Japan. Mehrere Wohnräume sind noch mit wertvollem Mobiliar eingerichtet. Bemerkenswert ist ein Gemälde von Joh. Heinrich Tischbein d. Ä. mit einer Ansicht des alten Schlosses Weißenstein, später Wilhelmshöhe, bei Kassel. Vier hohe Säle mit Deckengemälden zeigen den früheren Glanz und Reichtum.

Nach der endgültigen Niederlage Napoleon I. fiel das Schloß mit Fulda 1815/16 an das Kurfürstentum Hessen-Kassel. Da in Hanau bereits eine Fasanerie bestand, erhielt es nun die aus den beiden Namen Adolphshof und Buseck zusammengesetzte Bezeichnung „Adolphseck“.
Erste Instandsetzungen der desolaten Anlage ließ dann erst ab 1825 Kurfürst Wilhelm II. v. Hessen vornehmen. Sein Baumeister Johann Konrad Bromeis baute dabei bis 1827 vor allem Innenräume im klassizistischem Stil um. Die barocke Außenform des Schlosses blieb dabei jedoch erhalten. Es diente nun vor allem den Fürstinnen als Sommeraufenthalt. Kurfürstin Auguste, die Gemahlin des Erneuerers, ließ durch den Gartendirektor Wilhelm Hentze aus Kassel die barocken Gartenanlagen im Stil der englischen Gärten umgestalten.
Nachdem 1866 Kurhessen von Preußen annektiert wurde, überließ man das Schloß 1873 dem Landgrafen Friedrich Wilhelm v. Hessen-Rumpenheim als Privatbesitz, welches weiterhin als Sommer- und Witwensitz eingerichtet blieb. Durch Fliegerbomben entstanden im 2. Weltkrieg schwere Schäden, die erst nach 25 Jahren durch die Kurhessische Hausstiftung endgültig ausgebessert werden konnten. Landgraf Philipp v. Hessen ließ ab 1950 Teile des Schlosses als Museum einrichten und der Öffentlichkeit zugänglich machen. Er führte auch den Namen „Fasanerie“ für das Schloß wieder ein.

Rundgang

Über die lange Zufahrtsallee und drei Toranlagen erreicht man das Schloßportal und die Torhalle. Hier beginnt die Führung durch die musealen Räume des Schlosses in dem Mittelbau (Corps de logis) und den Seitenflügeln. In dem Marstallhof ist eine barocke Pferdeschwemme mit einer Steinplastik sehenswert. Eine langgezogene Parkterrasse befindet sich an der Südseite des Schlosses.

Wegbeschreibung

Anfahrt von Fulda in Richtung Bronzell, dort abbiegen nach Schloß Fasanerie.

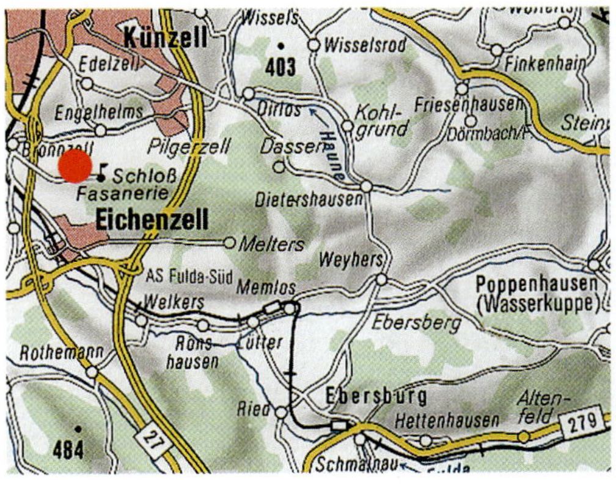

Schloß Tann

Im nördlichen Zipfel des Landkreises Fulda, dicht an der Grenze nach Thüringen, liegt das Städtchen Tann am Oberlauf der Ulster. Seine Geschichte ist eng mit dem Geschlecht der Reichsfreiherren von der Tann verbunden.
Die Stadt erwähnt erstmals der Fürstabt Heinrich III. von Fulda in einem Rechenschaftsbericht vom 1197 mit dem Hinweis, daß er die „civitas in Tanne" erworben habe. Man nimmt an, daß er dem Ort Stadtrechte verliehen hat. Als Stadt wird Tann zwar erst 1332 genannt, gehört aber doch zu den ältesten Ansiedlungen im Ulstertal.
Als Stammvater der Freiherren v. d. Tann wird Simon VI. v. Tann angesehen, der von 1235 bis 1268 in Urkunden erscheint. Er war der Sohn des Simon III. v. Fischbach und Tann, welcher von der Burg Fischbach (oder Fischberg) stammte und dessen Bruder vermutlich Simon v. Schlitz war. Beide Familien traten später oft gemeinsam in Erscheinung. Als Nachkommen des Simon v. Fischbach führten die v. d. Tann noch heute den gekrümmten Lachs im Wappen.
Wann die Burg auf dem Sporn hoch über dem Ulstertal erbaut wurde, ist nicht bekannt. Vermutlich entstand sie bereits am Anfang des 12. Jh. noch vor der Stadtgründung. Man nimmt an, daß die Burg als Teilerbe von unbekannter Seite an die Familie v. Tann-Fischbach kam und der Rest später hinzugekauft werden konnte. Von ihr verblieb der tiefe Halsgraben, der noch heute die Schloßanlage von der Stadt abtrennt und einiges Mauerwerk in den Fundamenten.
Im 14. Jh. teilte sich die Familie in mehrere Linien, die sich dann nach ihren Burgen nannten. Wegen anhaltender Übergriffe zwang sie Abt Heinrich VI., die Burg Tann 1323 der Abtei Fulda zu Lehen zu geben und ihr stets offen zu halten. Bei Simon X., der 1323 starb, erschien erstmals die volle Bezeichnung „von der Tann".
Die Burg Tann war stets eine Ganerbenburg und von den verschiedenen Mitgliedern der weitläufig verzweigten Familie bewohnt. Sie standen vielfach im Dienst der Abtei Fulda und gelangten allmählich zur Reichsunmittelbarkeit. Seit 1647 war ihre eigenständige Herrschaft Tann reichsritterschaftliches Territorium.
Eberhard v. d. Tann, ein Anhänger Luthers, führte 1540 in seiner Herrschaft die Reformation ein. Die Fürstbischöfe von Fulda versuchten zwar, Tann durch die Gegenreformation wieder enger an die Abtei zu binden, hatten aber keinen Erfolg. Das Gebiet blieb protestantisch.
Über Zerstörungen und Plünderungen in den verschieden Kriegen ist nichts bekannt. Bereits im 16. Jh. entstand eine rege Bautätigkeit, da die alten Gebäude wohl verfielen oder den gestiegenen Ansprüchen angepaßt werden sollten. So entstand im Laufe der Zeit eine dreigeschossige Gebäudegruppe um einen rechteckigen Innenhof für die drei Hauptlinien der Familie v. d. Tann, die nach der Farbe ihrer Schlösser benannt wurden.
Das „Rote" Schloß an der Stadtseite trägt die Jahreszahl 1558, wurde aber bereits 1591 im Stil des Frühbarock umgebaut. An seiner Südwestseite steht ein achteckiger Turm mit zwei Fachwerkobergeschossen und an der Hofseite ein runder Treppenturm. An diesen Bau schließt sich das winkelförmige „Blaue" Schloß an. Es wurde 1716 erbaut, enthält aber im Kern Bauteile aus dem 16. Jh. An seiner Nordostseite steht gleichfalls ein achteckiger Turm. Auch aus einem älteren Gebäude entstand durch Umbau von 1699/1714 das „Gelbe" Schloß an der Talseite. Dieses enthält im 2. Obergeschoß den Ahnensaal mit Gemälden, Fahnen und alten Möbeln.

Rundgang

Da das Schloß bewohnt wird, ist eine Besichtigung der Anlage und der Familiensammlung im Ahnensaal bis auf weiteres nur Montagvormittags möglich.

Bekannt wurde der General Ludwig v. d. Tann (1815-81), der als Führer des 1. bayrischen Armeekorps im Krieg gegen Frankreich 1870/71 besonders hervortrat. Ihm zu Ehren erhielt 1909 ein Panzerkreuzer der kaiserlichen Flotte den Namen „von der Tann“, dessen Flagge hier aufbewahrt ist.
Dem Deputationshauptschluß von 1803 fiel die Herrschaft Tann an das Königreich Bayern, 1867 mit Gersfeld an Preußen und nach 1945 an das Bundesland Hessen. Während das Gelbe und das Blaue Schloß noch von der Familie bewohnt werden, ist das Rote Schloß an Private vermietet.

Ruine Auersberg

Auf einem nach Westen gerichteten Sporn der Randhöhen des Ulstertales, unweit nördlich von Hilders, steht die Ruine Auersberg. Nach der Zerstörung im Bauernkrieg 1525 blieb von dieser mehreckigen Anlage nur die hohe Umfassungsmauer erhalten.
Das Gebiet um Hilders war zwischen der Abtei Fulda und dem Bistum Würzburg umstritten. Es gehörte um 900 der Abtei. Wann die Burg erbaut wurde, ist nicht bekannt. Um 1270 war sie als fuldisches Lehen im Besitz der Herren v. d. Tann, 1290 würzburgisch und 1325 hennebergisch. Vermutlich in einer Fehde zerstört, wurde die Burg 1354 als würzburgischer Amtssitz erneuert. Als sie wiederum zerstört wurde, verlegte man den Amtssitz nach Hilders und überließ die Ruine ihrem Schicksal. Erste Instandsetzungen ließ dann 1876 der Rhönclub vornehmen.

Wegbeschreibung

Anfahrt aus der B 278 bis Tann.

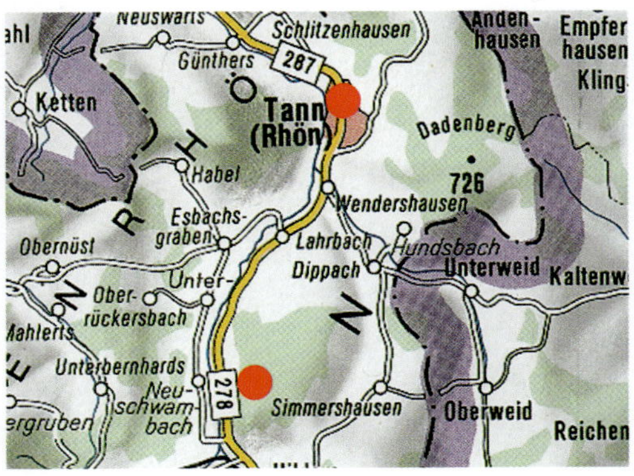

Auersberg (unten)

Literaturhinweise

Die Bau- und Kunstdenkmäler im Regierungsbezirk Kassel, Bd. I - VIII. und Neue Folge I - IV. 1901 - 1960

Die Bau- und Kunstdenkmäler des Regierungsbezirks Wiesbaden, BD. III und IV, 1907/1910

Bau- und Kunstdenkmäler des Landes Hessen, Krs. Biedenkopf, 1958

Baugeschichte und Sanierung Schloß Biedenkopf, 1994

Die Bau- und Kunstdenkmäler des Fuldaer Landes, Bd. I und II. E. Sturm, 1971/1989

K. Bader, Geschichtliches Wanderbuch durch Hessen, 1920

E.E. Becker, Die Riedesel zu Eisenach, Bd. 1-3, 1923/27

G. Bing, Schloß Romrod, 1976

E. Blöcher, Das Hinterland, 1981

E. Brauns, Burgen unseres Landes - Kurhessen und Waldeck, 1975

H.W. Böhme, Burgen der Salierzeit

Burgenstadt Schlitz, 1972

Burgberggemeinde Homberg/Efze 50 Jahre, 1986

Der Burgwart, Berlin 1899 ff.

Das Werratal, Eschwege, 1924-36, ab 1949 Werraland

H. Decker, Die Kugelsburg, 1987

K.A. Eckhardt, Die von der Tann und ihre Agnaten, 1968

Fuldaer Geschichtsblätter, 1902 ff.

Geschichtsblätter für Waldeck, Arolsen, 1901 ff.

F. Gottschalck, Die Ritterburgen und Bergschlösser Deutschlands, Bd. 1 - 9, 1815/55

R. Gutbier, Der landgräfliche Hofbaumeister H.J. von Ettlingen, 1973

Handbuch der Deutschen Kunstdenkmäler, G. Dehio, Bd. Hessen 1966/1982

Handbuch der historischen Stätten Deutschlands, Bd. IV, Hessen 1960/69

E. Happel, Hessische Burgenkunde, Bd. I u. II, 1905

H.W. Hegemann, Burgen und Schlösser in Hessen, 1971

Heimatkalender Krs. Fritzlar, Hersfeld, Hersfeld-Rotenburg, Hofgeismar

Heimatschollen, Melsungen, 1921 - 1952

J. Henseling, Die Geschichte der Burg Mellnau, 1962/63

Hessischer Gebirgsbote, 1917 ff., vorher: Touristische Mitteilungen aus beiden Hessen, 1892 ff.

Hessenland, 1887 - 1943

Hessische Heimat, 1937 ff., Neue Folge 1951 ff.

Hinterländer Geschichtsblätter, Biedenkopf, 1922 ff.

Historisches Ortslexikon des Landes Hessen, Hft 1 - 5, 1973/1991

Jahrbücher Krs. Hofgeismar, Kassel, Melsungen, Schwalm-Eder-Kreis

H. Jantzen, Geschichte des Ludwigsteins, 1960

R. Knappe, Mittelalterliche Burgen in Hessen, 1994

K. Kollmann, Die Boyneburg, 1987

E. Kramer, Fulda, 1953

B. Kümmel und R. Wagner, Arolsen, 1993

J. Kulick, Schloß Eisenberg, o.J.

G. Landau, Beschreibung des Kurfürstentums Hessen-Kassel, 1857

G. Landau, Die hessischen Ritterburgen und ihre Besitzer, Bd. 1 - 4, 1832/39

Lauterbacher Sammlungen, Hohausmuseum Lauterbach

Lexikon der deutschen Burgen und Schlösser, C. Tillmann, Bd. 1 - 4, 1958/61

K. Lübeck, Alte Ortschaften des Fuldaer Landes, Bd. 1 u. 2., 1934/36

H. Lücke, Burgen, Schlösser und Herrensitze im Gebiet der unteren Werra, Bd. 1 - 5, 1924/25

K. Maurer, 1200 Jahre Fulda, 1944

W. Meyer-Barkhausen, Das Schloß zu Marburg, 1974

Mitteilungen des Vereins für hessische Geschichte und Landeskunde

W. Mogge, Burg Ludwigstein, Kunstführer Nr. 1496, 1984

L. Pfeiffer und G. Fenner, Die Geschichte des Schlosses Spangenberg, 1987

Poppenhausen und seine Umgebung, Gemeinde Poppenhausen, 1963

Reclams Kunstführer, Bd. 4, Hessen, 1987

H. Reuter, Die ehemalige Festung Ziegenhain, 1989

E. Frh. Schenck zu Schweinsberg, Schloß Fasanerie, Schnell & Steiner Kunstführer 973, 1974

Schloß Friedrichstein, Gemeinschaft der Freunde Schloß Friedrichstein e.V., 1988

Schlösser, Burgen, Alte Mauern, - Hessendienst der Staatskanzlei, 1990

Schriften des Hessischen Landesamtes für geschichtliche Landeskunde, 1928 - 1986

Schwälmer Jahrbuch

F. Stoppel, Schloß Biedenkopf, 1982

A. Straub, Burgen und Schlösser im Hessenland, 1975

G. Strickhausen, Boyneburg (Magisterarbeit), 1991

Verwaltung der Staatlichen Schlösser und Gärten
Löwenburg im Bergpark Wilhelmshöhe, 1976
Schloß Wilhelmshöhe, 1962/74
Schloß und Garten Wilhelmsthal, 1980

G. und J. Wabra, Zur Kugelsburg bei Volkmarsen, 1994

Waldeckische Ortssippenbücher

Waldecker Landeskalender

H. Wittmann, Stadt und Schloß Spangenberg, 1956

Zeitschrift des Vereins für Hessische Geschichte und Landeskunde (ZHG) 1837 ff.